2020 年度版

文部科学省後援

英検®3級
過去6回 全問題集
別冊解答

JN254403

978-4-01-094954-2

旺文社

もくじ

Contents

2019 年度　第 2 回検定　解答・解説 ……………………… 5

第 1 回検定　解答・解説 ……………………… 41

2018 年度　第 3 回検定　解答・解説 ……………………… 77

第 2 回検定　解答・解説 ……………………… 113

第 1 回検定　解答・解説 ……………………… 149

2017 年度　第 3 回検定　解答・解説 ……………………… 185

2019-2

一次試験
筆記解答・解説　　p.6〜18

一次試験
リスニング解答・解説　　p.19〜35

二次試験
面接解答・解説　　p.36〜40

解答一覧

一次試験・筆記

1

(1)	3	(6)	4	(11)	1
(2)	3	(7)	1	(12)	2
(3)	4	(8)	2	(13)	1
(4)	3	(9)	2	(14)	2
(5)	4	(10)	2	(15)	2

2

(16)	3	(18)	3	(20)	4
(17)	1	(19)	2		

3 A　　**3 B**

(21)	3	(23)	4
(22)	4	(24)	1
		(25)	2

3 C

(26)	3	(28)	3	(30)	4
(27)	2	(29)	1		

4　　解答例は本文参照

一次試験・リスニング

第1部

No. 1	1	No. 5	2	No. 9	3
No. 2	1	No. 6	2	No.10	3
No. 3	1	No. 7	3		
No. 4	3	No. 8	2		

第2部

No.11	3	No.15	2	No.19	1
No.12	1	No.16	3	No.20	3
No.13	4	No.17	2		
No.14	2	No.18	1		

第3部

No.21	1	No.25	3	No.29	4
No.22	3	No.26	3	No.30	2
No.23	4	No.27	2		
No.24	1	No.28	1		

(1) 解答 **3**

訳 A「寒すぎて泳ぎに行けないね」

B「そうね。**代わりに**家にいてテレビを見ましょう」

解説 too 〜 to … は「あまりに〜で…できない」という意味。寒すぎて泳ぎに行けないので，instead「代わりに」家でテレビを見るという流れ。either「どちらか」，almost「ほとんど」，before「以前に」。

(2) 解答 **3**

訳 「このフランス語の単語の**意味**を教えてくれますか。それがわからないんです」

解説 I don't understand it. の it は，the ( ) of this French word「このフランス語の単語の（ ）」を指している。わからないので教えてくれるように頼んでいるのは単語の meaning「意味」。dictionary「辞書」，size「大きさ，サイズ」，reason「理由」。

(3) 解答 **4**

訳 A「すみません。このコートを試着したいのですが。**試着**室はどこですか」

B「あちらにございます，お客さま」

解説 try on 〜は「〜を試着する」という意味。A は coat「コート」を試着したいと思っているので，B に尋ねているのは fitting room「試着室」の場所。**1**，**2**，**3** はそれぞれ put「〜を置く」，pick「〜を摘み取る」，hit「〜を打つ」の〜ing 形。

(4) 解答 **3**

訳 「静かで**穏やかな**夜だったので，私はとてもよく眠った」

解説 quiet「静かな」と空所に入る語が night「夜」を修飾している。night との意味的なつながりから，peaceful「穏やかな，平穏な」が正解。close「近い」，angry「怒った」，difficult「難しい」。

(5) **解答** ④

訳　A「お母さん，シャワーを浴びたいんだ。きれいな**タオル**はある？」

　　B「ええ，ボビー。浴室に何枚かあるわ」

解説　take a shower は「シャワーを浴びる」という意味。ボビーはシャワーを浴びたいと言っているので，必要なのは clean towels「きれいな（洗濯した）タオル」。**1**，**2**，**3** はそれぞれ map「地図」，floor「床，階」，handle「取っ手」の複数形。

(6) **解答** ④

訳　A「何か探しているの，ジュン？」

　　B「うん，ぼくの自転車の**かぎ**。ポケット全部とかばんの中を見たんだけど」

解説　look for ～は「～を探す」という意味で，A はジュンに何かを探しているのか尋ねている。my bicycle「ぼくの自転車」とつながるのは key「かぎ」。type「型」，line「線」，job「仕事」。

(7) **解答** ①

訳　A「ジャック。学校へ行く前に靴をきれいにしなさい。**汚れている**わ」

　　B「わかった，お母さん。そうするよ」

解説　母親がジャックに Clean your shoes と言っている理由は，靴が dirty「汚れて」いるから。They're は Your shoes are ということ。sick「病気の」，thirsty「のどが渇いた」，round「丸い」。

(8) **解答** ②

訳　「トムの両親はトムが試験に合格したとき，彼をとても**誇りに思った**」

解説　空所前にある proud に注目する。be proud of ～で「～を誇り[自慢]に思う」という意味。passed は pass「～に合格する」の過去形，exam は「試験」。by「～のそばに」，on「～の上に」，from「～から」。

(9) 解答 **2**

訳 「ぼくの新しい電話はぼくの兄[弟]のものとまったく同じだ」

解説 空所前後にある the と as とのつながりを考えて，the same as ～「～と同じ」という表現にする。my brother's は my brother's telephone のこと。different「違って」，true「本当の」，more「より多くの」。

(10) 解答 **2**

訳 「マイケルはコンピューターに興味があるが，コンピューターを持っていない」

解説 空所後の in computers とつながるのは interested で，be interested in ～で「～に興味がある」という意味。one は a computer のこと。excited「わくわくして」，difficult「難しい」，free「ひまな，無料の」。

(11) 解答 **1**

訳 A 「きみのご両親は最初にどこでお互い出会ったの？」
B 「中学校で出会ったのよ」

解説 空所後の other に注目して，each other「お互い」という表現にする。each other が meet「～に会う」の目的語になっている。met は meet の過去形。so「とても」，every「すべての」，many「多くの」。

(12) 解答 **2**

訳 「私の父は約束を破った。父は仕事をしなければならなかったので，土曜日に私たちを海辺に連れて行けなかった」

解説 broke は break の過去形で，break one's promise で「～の約束を破る」という意味。2文目の take us to the beach on Saturday が父親が約束していたこと。pollution「汚染」，problem「問題」，purpose「目的」。

(13) 解答 **1**

訳 「ジョンはバレーボールを練習するために，今日早く学校へ行った」

解説 空所以降がその前の John went to school early today「ジョンは今日早く学校へ行った」の目的を表すようにするために，to 不定詞〈to＋動詞の原形〉を使って to practice「～を練習するために」とする。

(14) 解答 2

訳 A「誰(だれ)がこのパンプキンパイを作ったか知ってる？　とてもおいしいわ！」

B「パティーが作ったのよ。彼女(かの)は料理がとてもじょうずなの」

解説 B が Patty did. と人の名前を答えていることから，A は誰が this pumpkin pie「このパンプキンパイ」を作ったのか尋(たず)ねていると考えて who「誰が」を選ぶ。did は made の代わりに使われている。

(15) 解答 2

訳 A「フミコ，きみのお兄さん[弟]は大学へ行っているんだよね？」

B「そうよ，今年卒業するの」

解説 〈肯定文，否定形＋主語 ?〉や〈否定文，肯定形＋主語 ?〉で，「～ですよね？」と相手に確認したり同意を求めたりする付加疑問と呼(よ)ばれる形になる。ここでは your brother goes ～という主語が3人称単数で一般動詞を含む肯定文なので，doesn't he? とする。

一次試験・筆記	**2**	問題編 p.20

(16) 解答 3

訳 店員「こんにちは，お客さま。ご用件(けん)をお伺(うかが)いいたしましょうか」

客　「いや，結構(こう)です。見ているだけなので」

店員「かしこまりました。必要があればお申しつけください」

解説 Salesclerk「店員」と Customer「客」の会話。客が I'm just looking.「見ているだけです」と言っていることと，空所前の Please tell me「私(わたし)に言ってください」とのつながりを考えて，3の if you need me「私が必要であれば」を選ぶ。

(17) 解答 1

訳　男性「今晩，夕食を食べに行かない？」
　　女性「いいわよ。イタリア料理はどうかしら？」
　　男性「いいね」

解説　Why don't we ～? は「～しませんか」という意味で，相手を誘う表現。男性の Sounds good.「いいですね」につながるのは 1 で，What about ～?「～はどうですか」を使って夕食に Italian food「イタリア料理」を食べに行くことを提案している。

(18) 解答 3

訳　夫「この店で気に入ったレインコートはある？」
　　妻「入り口のそばにある赤いのがすてきね。あれを買おうと思うわ」

解説　妻が I think I'll buy it.「あれを買おうと思うわ」と言っているので，その前で it の内容が示されていることが予想できる。正解 3 の The red one は The red raincoat「赤いレインコート」のことで，by the entrance は「入り口のそばの」という意味。

(19) 解答 2

訳　女の子1「あなたがバイオリンを持っているのは知らなかったわ。どれくらいの頻度でそれを弾くの？」
　　女の子2「月に1度か2度だけよ」

解説　女の子2が持っている violin「バイオリン」が話題。女の子2の Only once or twice a month.「月に1度か2度だけ」が答えとなる質問は，How often ～「どれくらいの頻度で～」で始まっている 2。ここではバイオリンを弾く頻度を尋ねている。

(20) 解答 4

訳　男の子「急いで，クリスティーン。英語の授業に行かないと」
　　女の子「ちょっと待って。ロッカーから辞書を取らないといけないの」

解説　男の子は女の子に，急いで go to English class「英語の授業へ行く」必要があると言っている。女の子は I have to get my dictionary「辞書を取らなければならない」と伝えているので，その前の発話として適切なのは 4 の Wait a minute.「ちょっと待って」。locker は「ロッカー」という意味。

| 一次試験・筆記 | **3A** | 問題編 p.22〜23 |

ポイント　生徒が学校で野菜を育てるための準備作業を手伝ってくれる保護者の募集に関するお知らせ。日時や場所の情報の他，保護者に求められている仕事内容を読み取ろう。

全　訳

保護者へのお知らせ

8 年生が理科の授業のために，学校で野菜を育てます。何人かの生徒が菜園を準備するために 5 月 28 日に登校することになっていて，彼らを手伝いに来ていただける保護者 5 名を探しています。

　　日付：5 月 28 日 土曜日
　　時間：午前 10 時から午後 3 時まで
　　場所：学校のプールわきに集合
　　お持ちいただくもの：食べ物と飲み物

運ばなければならない重いものがたくさんあるので，力が強い方が必要です。

お手伝いいただける場合は，5 月 24 日までに理科教員のクラーク先生に 344-2323 までお電話ください。

語　句　Notice「お知らせ，掲示」，Parent(s)「親，保護者」，The 8th grade students「8 年生」，vegetable(s)「野菜」，get 〜 ready「〜を準備する」，beside「〜のそば[わき]に」，strong「力が強い」

(21)　解答 ❸

質問の訳　「5 月 28 日，保護者が集まるべき場所は」

選択肢の訳
1　スーパーマーケットで。　　2　クラーク先生の教室の外で。
3　学校のプールの隣で。　　　4　理科室で。

解　説　meet は「会う，集まる」という意味。お知らせの **Where:** の部分に，Meet beside the school pool と書かれている。beside 〜

「〜のわきに」が，正解の 3 では next to 〜 に置き換えられている。

(22) 解答 ④

質問の訳　「保護者は学校で何をしなければならないか」

選択肢の訳　**1** 理科の授業を教える。
　　　　　　2 生徒たちのために飲み物を作る。
　　　　　　3 野菜を売る。
　　　　　　4 重いものを運ぶ。

解　説　お知らせの最後から 2 文目に，You … because there will be many heavy things to carry. と書かれている。to carry は直前の many heavy things を修飾していて，「運ぶべきたくさんの重いものがある」，つまり「たくさんの重いものを運ばなければならない」ということ。

一次試験・筆記　**3B**　問題編 p.24〜25

ポイント　学校をやめることになった先生に対する思いと，お別れに際して先生にあげるプレゼントを何にするかについて 3 人の生徒がやり取りしている E メール。先生に関する情報や，誰が何のプレゼントを提案しているかを中心に読み取ろう。

全　訳　送信者：アマンダ・ジャービス
　　　　受信者：ジョージ・ウィルソン，ドナ・トンプソン
　　　　日付：2 月 10 日
　　　　件名：ウォード先生
　　　　ジョージとドナへ，
　　　　ウォード先生が私たちの学校をやめることが今でも信じられないわ。彼は本当にいい先生よ！　今日の午後に先生と話して，先生の奥さんがボストンの大学で新しい仕事を見つけたと言ってたわ。一家でもうすぐそこへ引っ越すと先生は言ってた。私はそのことが本当に悲しいけど，先生がボストンでの暮らしを楽しむことを願っているわ。先生の娘さんはそこで大いに楽しむと思う。ドナ，今日の昼食時に，ウォード先生にプレゼントを買ったほうがいい

と言ってたわよね。それはとてもいい考えだと思うわ。
それじゃまた，
アマンダ

送信者：ジョージ・ウィルソン
受信者：アマンダ・ジャービス，ドナ・トンプソン
日付：2月11日
件名：いい考え
こんにちは，
ぼくもプレゼントを買うのはいい考えだと思う。ウォード先生は
いつもぼくたちに親切だったから，先生に何かすてきなものをあ
げたほうがいいね。先生はスポーツが何でも好きだということを
知ってるけど，サッカーが一番好きだって聞いたよ。先生は読書
も楽しんでいるから，サッカーに関する本はどうかな？　それと，
ぼくたちのクラスみんなに協力を頼んだほうがいいね。みんなが
少しずつお金を出せば，先生に本当に特別なものを買うことがで
きるよ。
ジョージ

送信者：ドナ・トンプソン
受信者：ジョージ・ウィルソン，アマンダ・ジャービス
日付：2月11日
件名：贈り物
ジョージとアマンダへ，
ジョージに賛成だわ。クラスメートに協力を頼みましょう。みん
なが5ドルずつ出せば，100ドル集められるわ。それなら，本よ
りもいいものを先生に買うことができるわね。先生の大好きなサッ
カーチームはパンサーズよね？　先日，インターネットでとても
かっこいいパンサーズの時計を見たの。それは100ドルくらい
だったわ。十分なお金を集められれば，先生にそれを買ったら
いいと思うわ。どう思う？
それじゃ月曜日に，
ドナ

（語 句） believe「〜を信じる」，leaving＜leave「〜をやめる，去る」の〜ing 形，found＜find「〜を見つける」の過去形，university「大学」，sad「悲しい」，lunchtime「昼食時」，how about 〜?「〜はどうか？」，agree with 〜「〜に賛成する」，classmate(s)「クラスメート」，cool「かっこいい」，on the Internet「インターネットで」，the other day「先日」，collect「〜を集める」

(23) 解答 ④

質問の訳 「ウォード先生はなぜ引っ越しするのか」

選択肢の訳
1 彼は教えることをやめる。
2 彼は大学に戻りたいと思っている。
3 彼の娘がボストンに住んでいる。
4 彼の妻が新しい仕事を得た。

解 説 move は「引っ越す」という意味。最初の E メールの 4 文目にある they were going to move there soon の理由は，その前の 3 文目後半で … his wife found a new job at a university in Boston. と説明されている。found「〜を見つけた」が，正解 4 では got「〜を得た」と表現されている。

(24) 解答 ①

質問の訳 「ジョージはウォード先生について何を聞いたか」

選択肢の訳
1 先生の大好きなスポーツはサッカーだ。
2 先生はすてきなものをたくさん持っている。
3 先生の授業は本当に退屈だ。
4 先生はサッカーに関する本を書いた。

解 説 ジョージが書いたのは 2 番目の E メールで，その 3 文目後半に … but I heard that he loves soccer the best. とある。heard は hear「〜を聞く」の過去形で，he は Mr. Ward を指している。この内容を，正解 1 では favorite「大好きな」を使って表している。

(25) 解答 ②

質問の訳 「ドナはウォード先生に何をあげたいか」

選択肢の訳 1 いくらかのお金。　　　2 時計。

14

3 サッカーボール。　　　　　**4** 本。

解説　　ドナが書いた3番目のEメールの6文目に，I saw a really cool Panthers clock on the Internet the other day. とある。さらに8文目後半で … I think we should buy him that. と書いている。that はドナがインターネットで見つけた a really cool Panthers clock「とてもかっこいいパンサーズの時計」のこと。

一次試験・筆記 **3C** 問題編 p.26〜27

ポイント　　ニューヨーク市のシンボルの1つであるグランドセントラルターミナルという駅に関する4段落構成の英文。グランドセントラルターミナルがどのような経緯をたどって作られたかや，駅の特徴を中心に読み取ろう。

全　訳

グランドセントラルターミナル

　ニューヨーク市の最も有名なシンボルの1つがグランドセントラルターミナルだ。これは市の主要な鉄道駅である。毎日約75万人がそこを歩いて通って行く。

　その駅がコーネリアス・ヴァンダービルトという名前の男性によって1871年に最初に作られたとき，それはグランドセントラルデポと呼ばれた。1901年に，より大きな建物が建てられて，グランドセントラル駅と名付けられた。しかし，その建物は1902年の大きな列車事故のために閉鎖された。1913年に，新しくてさらに大きな駅がオープンし，グランドセントラルターミナルという名前が付けられた。これが，今日でも人々が見ることができるものだ。

　グランドセントラルターミナルには44のホームがある。それは世界の他のどの鉄道駅よりも多い。そこには67本の線路もある。メインホールはメインコンコースと呼ばれ，とても大きい。窓は約23メートルの高さがある。メインコンコースには見て面白いものがたくさんある。中央部には，オパールでできた有名な時計がある。オパールはとても高価な石なので，何百万ドルもかかった。多くの人たちが時計のそばで友だちと待ち合わせをする。

15

メインコンコースの天井には，2,500個の明るい星が輝く夜空の絵がある。この天井は1912年に作られたが，古くなって雨水が建物の中に入り込んできたので1944年に覆われた。1996年から1998年まで，天井は清掃され修復された。今では，それは建物の中で最も美しい部分の1つである。

(26) 解答 ③

質問の訳

「1871年，ニューヨーク市の主要な鉄道駅の名前は」

選択肢の訳

1 グランドセントラルターミナルだった。
2 グランドセントラル駅だった。
3 グランドセントラルデポだった。
4 メインコンコースだった。

解 説

質問の In 1871 に注目する。第2段落1文目に，When the station was first built in 1871 …, it was called Grand Central Depot. と書かれているので，3が正解。1の Grand Central Terminal は現在の名前，2の Grand Central Station は1901年に建てられたときの名前。

(27) 解答 ②

質問の訳

「1902年に何が起こったか」

選択肢の訳

1 グランドセントラルデポが建てられた。
2 グランドセントラル駅でひどい事故があった。
3 新しいグランドセントラルターミナルがオープンした。

4 コーネリアス・ヴァンダービルトという名前の男性が生まれた。

解説 質問にある1902年のことが書かれているのは第2段落の3文目で，その後半の … because of a big train accident in 1902. に正解が含まれている。a big train accident「大きな列車事故」を，正解**2**では a bad accident「ひどい事故」と表現している。

(28) 解答 ③

質問の訳 「時計はなぜ何百万ドルもかかったのか」

選択肢の訳
1 その中に明るいライトのついた星がたくさんある。
2 その表面に有名な人たちの絵が描かれている。
3 それは高価な石でできている。
4 それは23メートルの高さがある。

解説 cost は「（費用）がかかる」という意味で，過去形も同じ形。第3段落の7文目で In the middle, there is a famous clock made of opal. とオパールでできた時計についての説明があり，8文目で Opal is a very expensive stone, so it cost millions of dollars. と補足している。この2文の内容をまとめている**3**が正解。～, so …「～（理由），だから…（結果）」の構文に注意する。

(29) 解答 ①

質問の訳 「メインコンコースで何が清掃され修復されたか」

選択肢の訳 **1** 天井。　**2** ホーム。　**3** 時計。　**4** 窓。

解説 cleaned は clean「～を清掃する」，fixed は fix「～を修理する，修復する」の過去分詞。第4段落の3文目に，From 1996 to 1998, the ceiling was cleaned and fixed. とある。the ceiling「その天井」とは，1文目にある the ceiling of the Main Concourse のこと。

(30) 解答 ④

質問の訳 「この話は何についてか」

選択肢の訳
1 列車でアメリカ合衆国中を旅して回ること。
2 コーネリアス・ヴァンダービルトの生涯。
3 ニューヨーク市のある新しい美術館。

4　ニューヨーク市のある有名な場所。

タイトルにもある通り，Grand Central Terminal に関する英文。この駅について，第1段落の最初に One of New York City's most famous symbols is Grand Central Terminal. とあるので 4 が正解。2 の Cornelius Vanderbilt は最初の駅を作った人物だが，話題の中心ではない。

一次試験・筆記　4　問題編 p.28

質問の訳　「あなたはご飯とパンとでは，どちらをより頻繁に食べますか」

解答例　I eat bread more often than rice. There are many kinds of delicious bread at my favorite bakery. I also enjoy making sandwiches with my mother for lunch.

解答例の訳　「私はご飯よりもパンをよく食べます。私のお気に入りのパン屋には，たくさんの種類のおいしいパンがあります。私は昼食に母と一緒にサンドイッチを作ることも楽しみます」

解　説　QUESTION は Which do you eat more often「あなたはどちらをより頻繁に食べますか」で始まり，rice「ご飯，米」と bread「パン」が選択肢として与えられている。1文目で，よく食べる方を I eat rice [bread] more often (than bread [rice]). のように書く。この後に，自分が選んだものをより頻繁に食べる理由を2つあげる。解答例は，（1文目）自分の考え：ご飯よりもパンをよく食べる→（2文目）1つ目の理由：自分のお気に入りのパン屋にたくさんの種類のおいしいパンがある→（3文目）2つ目の理由：昼食に母親と一緒にサンドイッチを作って楽しむ，という構成になっている。解答例のように，2番目の理由では also「また」を使って書くと明確な構成になる。全体で25語～35語程度の分量になっているかにも注意しよう。

語　句　bread「パン」，more often than ～「～よりも頻繁に」，many kinds of ～「たくさんの種類の～」，delicious「とてもおいしい」，bakery「パン屋」，enjoy ～ing「～することを楽しむ」

例題　解答 ③

<u>放送文</u> ★：I'm hungry, Annie.

☆：Me, too. Let's make something.

★：How about pancakes?

    1 On the weekend.　　　　**2** For my friends.

    3 That's a good idea.

<u>放送文の訳</u> ★：「おなかがすいたよ，アニー」

☆：「私もよ。何か作りましょう」

★：「パンケーキはどう？」

    1 週末に。　　　　　　　**2** 私の友だちに。

    3 それはいい考えね。

No. 1　解答 ①

<u>放送文</u> ★：Is John's house on this street?

☆：Yes. We're almost there.

★：Which side of the street is it on?

    1 It's on the left.

    2 It's too crowded.

    3 It's much bigger.

<u>放送文の訳</u> ★：「ジョンの家はこの通りにあるの？」

☆：「そうよ。もうすぐそこよ」

★：「通りのどちら側にあるの？」

    1 左側よ。

    2 そこは込みすぎているわ。

    3 それはずっと大きいわ。

<u>解　説</u>　〈Which＋名詞〉は「どちらの〜」，side は「側」という意味。男性は John's house「ジョンの家」が通りのどちら側にあるかを尋ねているので，on the left「左側に」と答えている **1** が正解。

19

No. 2　解答　**1**

（放送文）★ : I like the book you lent me.

☆ : Did you finish it?

★ : No.　Can I keep it longer?

　　1　Sure.　Give it back to me next week.

　　2　Yes.　I always study hard.

　　3　OK.　It was five dollars.

（放送文の訳）★ :「きみが貸してくれた本を気に入ってるんだ」

☆ :「読み終わった？」

★ :「ううん。もう少し持っていていい？」

　　1　いいわよ。来週私に返してね。

　　2　ええ。私はいつも一生懸命勉強しているわ。

　　3　わかったわ。それは5ドルだったわ。

解　説　Can I ～? は「～してもいいですか」と許可を求める表現。ここでの keep it longer は「それ（本）をもっと長く持っている（借りている）」ということ。これに応じた発話は **1** で，Sure.「いいわよ」の後に，Give ～ back「～を返す，戻す」を使って来週返してほしいと伝えている。

No. 3　解答　**1**

（放送文）☆ : Dan, you're late again.

★ : I'm sorry, Ms. Jones.

☆ : What happened?

　　1　I didn't hear my alarm clock.

　　2　I stayed for a week.

　　3　I'll get a pencil case.

（放送文の訳）☆ :「ダン，あなたはまた遅刻よ」

★ :「すみません，ジョーンズ先生」

☆ :「何があったの？」

　　1　目覚まし時計が聞こえなかったんです。

　　2　1週間滞在しました。

　　3　筆箱を手に入れます。

解　説　イラストと Dan, you're late again. から，ダンが遅刻した状況で

あることがわかる。ジョーンズ先生は What happened?「何があったの？」とダンが遅刻した理由を尋ねているので，alarm clock「目覚まし時計」が聞こえなかったと答えている **1** が正解。

No.4　解答 ③

放送文　☆：How's your cold?

★：It's a little better today.

☆：Will you be at school tomorrow?

　　1 That's too bad.　　　　**2** You can do it.

　　3 I'm not sure.

放送文の訳　☆：「風邪はどう？」

★：「今日は少しよくなったよ」

☆：「明日は学校に来る？」

　　1 それは大変だね。　　　　**2** きみならそれができるよ。

　　3 わからないよ。

解説　How's [How is] 〜? は「〜はどうですか」という意味で，女の子は男の子の cold「風邪」の状態を尋ねている。Will you be at school tomorrow? に応じた発話は **3** で，I'm not sure. は「（明日学校に行けるかどうか）わからない」ということ。

No.5　解答 ②

放送文　☆：We're almost at the restaurant.

★：Great. I'm so hungry.

☆：You're going to love the food.

　　1 The table by the window.

　　2 I'm looking forward to it.

　　3 You're a great cook.

放送文の訳　☆：「もうすぐレストランに着くわ」

★：「よかった。ぼくはとてもおなかがすいているんだ」

☆：「そこの料理をとても気に入るわよ」

　　1 窓のそばのテーブル。

　　2 それを楽しみにしているよ。

　　3 きみは料理がとてもじょうずだね。

解説　女性の You're going to love the food.「あなたはその（レスト

ランの）料理をとても気に入るわ」に対する適切な応答は 2 で，I'm looking forward to ～は「～を楽しみにしている」という意味。

No. 6　解答 ②

★：Excuse me.　My drink still hasn't arrived.

☆：I'm sorry, sir.

★：I ordered it 10 minutes ago.

 1　I'll clean it for you.

 2　I'll go and get it right away.

 3　That'll be $20.

★：「すみません。私の飲み物がまだ来てないのですが」

☆：「申し訳ございません，お客さま」

★：「10 分前に注文しましたよ」

 1　お客さまのためにそれをきれいにいたします。

 2　すぐにそれを取りに行きます。

 3　20 ドルになります。

still hasn't arrived は現在完了形の否定文で，「～がまだ来ていない」という意味。男性の My drink「私の飲み物」が来ていないという状況なので，go and get it「それ（男性の飲み物）を取りに行く」と言っている 2 が正解。right away は「すぐに」。

No. 7　解答 ③

★：Thanks for coming, Mom.

☆：No problem.　I hope you have a good game.

★：Is Dad here, too?

 1　I'll sit over there.

 2　I love all sports.

 3　He'll be here soon.

★：「来てくれてありがとう，お母さん」

☆：「だいじょうぶよ。いい試合ができるといいね」

★：「お父さんも来ているの？」

 1　私はあそこに座るわ。

 2　私はすべてのスポーツが大好きよ。

3 お父さんはもうすぐここへ来るわ。

解 説 男の子の野球の試合を母親が見に来ている場面。男の子は Is Dad here, too? と父親も来ているかどうか尋ねている。これに答えているのは **3** で，He は Dad を指し，soon は「もうすぐ」という意味。Thanks for ～ing は「～してくれてありがとう」。

No. 8　解答 ②

放送文
☆：I went to see a movie yesterday.

★：Which one?

☆：*The Fisherman's Basket.* Have you seen it?

　　1 OK, here's your ticket.

　　2 No, but I want to.

　　3 Yes, I like popcorn.

放送文の訳
☆：「昨日，映画を見に行ったの」

★：「どの映画？」

☆：「『フィッシャーマンズバスケット』。もう見た？」

　　1 わかった，これがきみのチケットだよ。

　　2 ううん，でも見たいと思ってるんだよ。

　　3 うん，ぼくはポップコーンが好きだよ。

解 説 〈Have you＋過去分詞～(yet)?〉は「（もう）～しましたか」という意味で，it は女の子が見た映画 *The Fisherman's Basket* を指している。正解 **2** の I want to は I want to see it のことで，「（その映画をまだ見ていないが）見たいと思っている」ということ。

No. 9　解答 ③

放送文
☆：These cookies are delicious.

★：Thanks. Can you take one to Mom?

☆：Sure. Where is she?

　　1 She loves to cook.

　　2 It was in my recipe book.

　　3 I think she's in the garden.

放送文の訳
☆：「このクッキーはおいしいわ」

★：「ありがとう。お母さんに１つ持って行ってくれる？」

☆：「いいわよ。お母さんはどこにいるの？」

1 お母さんは料理することが大好きだよ。

2 それはぼくの料理本に載っていたよ。

3 お母さんは庭にいると思うよ。

解　説 Where is she? の she は Mom を指していて，女の子は男の子に母親がどこにいるかを尋ねている。in the garden「庭に」いると思うと答えている **3** が正解。delicious は「とてもおいしい」，take one の one は a cookie のこと。

No.10 解答 **3**

放送文 ★：Is today your last day at this school, Ms. Warner?

☆：Yes, Billy.

★：We'll really miss you.

　　1 It was in the library.

　　2 You got a good score.

　　3 I'll come back to visit soon.

放送文の訳 ★：「今日が先生のこの学校での最後の日ですか，ウォーナー先生？」

☆：「そうよ，ビリー」

★：「先生がいなくなるとぼくたちは本当に寂しくなります」

　　1 それは図書館にあったわ。

　　2 あなたはいい成績を取ったわ。

　　3 すぐに会いに戻ってくるわ。

解　説 last day at this school「この学校での最後の日」を迎えたウォーナー先生に男子生徒が話しかけている。miss は「～がいないのを寂しく思う」という意味。We'll really miss you. に続く発話は **3** で，先生は come back to visit「会いに戻ってくる」と答えている。

 一次試験・リスニング　第 **2** 部　問題編 p.31～32　 ▶MP3 ▶アプリ ▶CD 1 12 ～ 22

No.11 解答 **3**

放送文 ★：Hi, I'd like a ticket for the 12:15 train to New York.

☆：I'm afraid it just left, sir.

★：Oh no! When's the next train?

☆：In 45 minutes. It leaves at 1 p.m.

　　Question: When will the next train leave?

放送文の訳　★：「こんにちは，ニューヨーク行き12時15分の列車の切符をお願いします」

☆：「あいにくその列車はたった今出発してしまいました，お客さま」

★：「うわあ！　次の列車はいつですか」

☆：「45分後です。午後1時に出発します」

質問の訳　「次の列車はいつ出発するか」

選択肢の訳
1　午後12時15分に。
2　午後12時50分に。
3　午後1時に。
4　午後1時45分に。

解　説　列車の切符売り場での会話。男性の When's the next train? という質問に，女性は In 45 minutes. と答えた後で It leaves at 1 p.m. と続けているので，3 が正解。leave(s) は「出発する」という意味。1 の 12:15 p.m. は，男性が当初乗ろうとしていた列車の出発時刻。

No. 12　解答　①

放送文　★：Meg, let's play tennis at the park on Saturday.

☆：I thought your tennis racket was broken, Jonathan.

★：I got a new one yesterday. It's really nice.

☆：That's great. Let's meet at nine.

　　Question: What does Jonathan want to do on Saturday?

放送文の訳　★：「メグ，土曜日に公園でテニスをしようよ」

☆：「あなたのテニスラケットは壊れていると思ってたわ，ジョナサン」

★：「昨日，新しいラケットを買ったんだ。とてもいいよ」

☆：「それはよかったわね。9時に会いましょう」

質問の訳　「ジョナサンは土曜日に何をしたいか」

選択肢の訳
1　メグとテニスをする。
2　テレビでテニスを見る。
3　メグと買い物に行く。
4　新しいテニスラケットを買う。

解　説　ジョナサンは最初に，Meg, let's play tennis at the park on Saturday. と言ってメグをテニスに誘っているので，1 が正解。let's ～（動詞の原形）は「～しましょう」という意味で，相手を

25

誘うときの表現。4の Buy a new tennis racket. はジョナサンが昨日したこと。

No.13 解答 ④

放送文 ☆：How was your trip to the mountains?

★：We couldn't ski. There wasn't enough snow.

☆：Oh no! What did you do?

★：We went hiking.

Question: Why couldn't the man go skiing?

放送文の訳 ☆：「山への旅行はどうだった？」

★：「スキーはできなかったよ。十分な雪がなかったんだ」

☆：「あらー！　何をしたの？」

★：「ぼくたちはハイキングに行ったよ」

質問の訳 「男性はなぜスキーに行くことができなかったか」

選択肢の訳 1　料金が高すぎた。

2　彼は山から遠いところにいた。

3　彼は頭痛がひどかった。

4　十分な雪がなかった。

解　説 　男性の trip to the mountains「山への旅行」が話題。男性は We couldn't ski. の後に，その理由を There wasn't enough snow. と説明しているので，4が正解。There wasn't ～は「～がなかった」，enough は「十分な」という意味。

No.14 解答 ②

放送文 ☆：What are you going to do this weekend, Ted?

★：My grandfather is coming to visit.

☆：Are you going anywhere together?

★：Yeah, we'll go to the zoo.

Question: What will Ted do this weekend?

放送文の訳 ☆：「今週末は何をするの，テッド？」

★：「祖父が訪ねてくるんだ」

☆：「一緒にどこかへ行くの？」

★：「うん，動物園へ行くよ」

質問の訳 「テッドは今週末に何をするか」

26

選択肢の訳	**1** 友だちと遊ぶ。	**2** 動物園を訪れる。
	3 彼の祖父の家へ行く。	**4** 彼の友だちと旅行に行く。

解　説　テッドの this weekend「今週末」の予定が話題。My grandfather is coming to visit. と we'll go to the zoo から，祖父が来て一緒に zoo「動物園」へ行くことがわかるので，**2** が正解。anywhere は「どこかへ」，together は「一緒に」という意味。

No. 15　解答 **2**

放送文　★：I'm going to drive you to school today, Ann.　Did you have breakfast?

☆：Yes, Dad.　And I brushed my teeth and washed my face.

★：All right.　Get your books.

☆：OK.

　　　Question: What does Ann's father tell her to do?

放送文の訳　★：「今日は学校まで車で送っていくよ，アン。朝食は食べた？」

☆：「うん，お父さん。それと，歯を磨いて顔を洗ったわ」

★：「わかった。本を取っておいで」

☆：「わかったわ」

質問の訳　「アンの父親はアンに何をするように言っているか」

選択肢の訳	**1** 朝食を食べる。	**2** 彼女の本を取ってくる。
	3 歯を磨く。	**4** 顔を洗う。

解　説　質問の〈tell＋（人）＋to ～〉は「（人）に～するように言う」という意味。父親はアンに Get your books. と言っている。ここでの get は「～を取ってくる，持つ」という意味。**1，3，4** はいずれもすでにアンがしたこと。

No. 16　解答 **3**

放送文　★：How was the sale?

☆：Great.　Hats were only $10 each, so I decided to get one.

★：That's cheap.

☆：I also got four pairs of socks for $15.

　　　Question: How much was the hat?

放送文の訳　★：「セールはどうだった？」

☆：「とてもよかったわ。帽子がそれぞれたった 10 ドルだったから，

27

「1つ買うことにしたの」

★：「それは安いね」

☆：「靴下4足も15ドルで買ったわ」

質問の訳　「帽子はいくらだったか」

選択肢の訳　**1** 1ドル。　　**2** 4ドル。　　**3** 10ドル。　　**4** 15ドル。

解　説　Hats were only \$10 each から**3**が正解。\$10 は ten dollars と読む。each は「それぞれ，1つにつき」という意味。**4**の Fifteen dollars. は four pairs of socks「靴下4足」の値段なので，不正解。2つ出てくる値段を混同しないように注意する。

No. 17 解答 2

放送文　★：Did you enjoy watching the soccer game?

☆：I was sick, so my mother said I couldn't go.

★：That's too bad. Who did you give your ticket to?

☆：My brother. He said it was a good game.

Question: Who went to the soccer game?

放送文の訳　★：「サッカーの試合を見て楽しんだ？」

☆：「具合が悪かったので，母が私は行ってはいけないって言ったの」

★：「それは残念だったね。きみのチケットは誰にあげたの？」

☆：「兄[弟]よ。兄[弟]はいい試合だったって言ってたわ」

質問の訳　「誰がサッカーの試合へ行ったか」

選択肢の訳　**1** 女の子。　　　　　　　　**2** 女の子の兄[弟]。

　　　　　3 女の子の母親。　　　　　**4** 女の子の祖母。

解　説　Who did you give your ticket to? に女の子は My brother. と答えていること，さらに続けて He said it was a good game. と言っていることから，サッカーの試合へ行ったのは女の子から ticket「チケット」をもらった兄[弟]だとわかる。

No. 18 解答 1

放送文　☆：Can I help you?

★：Yes, I'd like to borrow these books. Here's my card.

☆：Thanks. Please bring them back by July 17.

★：OK, thank you.

Question: Where are they talking?

放送文の訳	☆：「ご用件をお伺いいたしましょうか」
	★：「はい，これらの本を借りたいのですが。これが私のカードです」
	☆：「ありがとうございます。本は7月17日までにご返却ください」
	★：「わかりました，ありがとうございます」
質問の訳	「彼らはどこで話しているか」
選択肢の訳	**1 図書館で。** 　　　　　**2** コンビニエンスストアで。
	3 郵便局で。 　　　　　**4** 銀行で。
解説	男の子の borrow these books「これらの本を借りる」や，女性の bring them back by 〜「〜までにそれら（本）を返却する」などから，男の子が library「図書館」で本を借りようとしている場面だとわかる。

No. 19 解答 ①

放送文	★：Where's Sam?
	☆：He's still at his friend's house. I have to go and pick him up at six.
	★：I'll make dinner, then.
	☆：Thanks, honey.
	Question: What does the woman need to do?
放送文の訳	★：「サムはどこにいるの？」
	☆：「まだ友だちの家にいるわ。私が6時に迎えに行かなくちゃいけないの」
	★：「それならぼくが夕食を作るよ」
	☆：「ありがとう，あなた」
質問の訳	「女性は何をする必要があるか」
選択肢の訳	**1 サムを迎えに行く。** 　　　　**2** 家を掃除する。
	3 夕食を買う。 　　　　　**4** 友だちに電話をする。
解説	女性は，サムが at his friend's house「友だちの家に」いるので，6時に I have to go and pick him up と言っている。(go and) pick 〜 up は「〜を迎えに行く」という意味。have to 〜「〜しなければならない」は，質問では need to 〜に置き換えられている。男性の then「それなら」とは，「6時にサムを迎えに行くなら」ということ。

No. 20 解答 ③

放送文 ★：Do you have your passport and ticket?

☆：Yes, but I can't find my watch.

★：Did you look in the car?

☆：Yes, it wasn't there.

Question: What is the woman looking for?

放送文の訳 ★：「きみのパスポートと航空券は持った？」

☆：「ええ，でも腕時計が見つからないの」

★：「車の中を見た？」

☆：「ええ，そこにはなかったわ」

質問の訳 「女性は何を探しているか」

選択肢の訳
1 彼女のパスポート。　　　　2 彼女の航空券。
3 彼女の腕時計。　　　　　　4 彼女の車の鍵。

解　説　質問の is … looking for は look for「～を探す」の現在進行形。I can't find my watch から，女性が探しているのは自分のwatch「腕時計」だとわかる。Do you have your passport and ticket? に女性は Yes と答えているので，1 や 2 はすでに持っている。

| 一次試験・リスニング | 第**3**部 | 問題編 p.33〜34 |  |

No. 21 解答 ①

放送文　Last Sunday, my dad and I went fishing on Lake George. We arrived early in the morning. We caught three fish and ate them for lunch. It was fun.

Question: What is the boy talking about?

放送文の訳 「先週の日曜日，父とぼくはジョージ湖へ釣りに行った。ぼくたちは朝早くに着いた。3匹の魚を釣って，それを昼食に食べた。楽しかった」

質問の訳 「男の子は何について話しているか」

選択肢の訳
1 釣りに行ったこと。　　　　2 昼食を買ったこと。
3 彼の父親の仕事。　　　　　4 彼の大好きな魚。

| 解　説 | 1文目のLast Sunday, my dad and I went fishing on Lake George. で話題が示されている。これ以降，釣りに行ったときのことを説明している。caught は catch「〜を捕まえる，釣る」の，ate は eat「〜を食べる」の過去形。 |

No. 22 解答 ③

| 放送文 | Mr. Kato studies English three times a week. Next month, he's moving to London. He's going to work there for a year. He is excited about living in London.

Question: How long will Mr. Kato be in London? |

| 放送文の訳 | 「カトウさんは週に3回英語を勉強している。来月，彼はロンドンへ引っ越しをする。そこで1年間仕事をすることになっている。彼はロンドンに住むことについてわくわくしている」 |

| 質問の訳 | 「カトウさんはどれくらいの期間ロンドンにいる予定か」 |

| 選択肢の訳 | **1** 1週間。　　**2** 3週間。　　**3** 1年間。　　**4** 3年間。 |

| 解　説 | Next month, he's moving to London. からカトウさんが来月ロンドンへ引っ越しをすること，次の He's going to work there for a year. からロンドンで1年間働く予定であることがわかる。there は in London のこと。 |

No. 23 解答 ④

| 放送文 | Steve went shopping with his grandfather last Saturday. At the supermarket, Steve saw a friend from school. She was with her parents. Steve said hello to them.

Question: Who did Steve go shopping with last Saturday? |

| 放送文の訳 | 「スティーブは先週の土曜日，祖父と一緒に買い物に行った。スーパーマーケットで，スティーブは学校の友だちを見かけた。彼女は両親と一緒だった。スティーブは彼らにあいさつをした」 |

| 質問の訳 | 「スティーブは先週の土曜日に誰と買い物に行ったか」 |

| 選択肢の訳 | **1** 彼の友だち。　　　　　　**2** 彼の友だちの両親。
3 彼の父親。　　　　　　　**4** 彼の祖父。 |

| 解　説 | 最初の Steve went shopping with his grandfather last Saturday. から判断する。went は go の過去形で，go shopping は「買い物に行く」という意味。**1** の His friend. や **2** の His friend's |

31

parents. は supermarket「スーパーマーケット」で会った人たちなので不正解。

No. 24 解答 ①

I was born in Canada and grew up there. After college, I traveled around Europe and also visited many countries in Asia. Last year, I got a job in Sydney, Australia, and now I live there.

Question: Where does the woman live now?

放送文の訳
「私はカナダで生まれ，そこで育った。大学を出た後，ヨーロッパを旅して，アジアのたくさんの国々も訪れた。昨年，私はオーストラリアのシドニーで仕事を得て，今はそこに住んでいる」

質問の訳
「女性は今どこに住んでいるか」

選択肢の訳
1 オーストラリアに。　　　　2 カナダに。
3 ヨーロッパに。　　　　　　4 アジアに。

解 説
質問の now を聞き逃さないようにする。最後に … now I live there. とあるが，there はその前に出てくる in Sydney, Australia を指しているので，1 が正解。2 の Canada は生まれ育った国，3 の Europe と 4 の Asia は大学を出た後に旅したところ。grew は grow の過去形で，grow up で「育つ」という意味。

No. 25 解答 ③

放送文
I work in a small Italian place in Los Angeles. We often have famous customers. I make soups and salads. My boss is teaching me how to make other dishes, too.

Question: What is the man's job?

放送文の訳
「私はロサンゼルスにある小さなイタリア料理店で働いている。私たちのところには有名な客がよく来る。私はスープとサラダを作る。私の上司は，他の料理の作り方も私に教えてくれている」

質問の訳
「男性の仕事は何か」

選択肢の訳
1 彼は大工である。　　　　2 彼は俳優である。
3 彼はコックである。　　　4 彼は教師である。

解 説
1 文目に I work in a small Italian place とあるが，3 文目に I make soups and salads. とあることから，place は料理を出すと

ころで，男性は cook「コック，料理人」であることがわかる。dish(es) は「料理」という意味。

No.26 解答 3

放送文
My swimming club sold doughnuts at the school festival yesterday. We made 100 doughnuts, but we only sold 85. We ate the other 15 ourselves. They were delicious.
Question: How many doughnuts did the swimming club sell yesterday?

放送文の訳
「私の水泳クラブは昨日の学園祭でドーナツを売った。私たちは100個ドーナツを作ったが，85個しか売らなかった。私たちは残りの15個を自分たちで食べた。それらはとてもおいしかった」

質問の訳
「水泳クラブは昨日，いくつのドーナツを売ったか」

選択肢の訳
1 15個。　　**2** 50個。　　**3** 85個。　　**4** 100個。

解説
school festival「学園祭，文化祭」で作ったドーナツの数を説明している We made 100 (＝one hundred) doughnuts と，実際に売った数を説明している we only sold 85 (＝eighty-five) を聞き分けるようにする。sold は sell「〜を売る」の過去形。

No.27 解答 2

放送文
Fiona wants to save some money. She loves books and magazines, so yesterday she went to the bookstore to ask about a job. She hopes to work there.
Question: Why did Fiona go to the bookstore yesterday?

放送文の訳
「フィオナはいくらかお金を貯めたいと思っている。彼女は本と雑誌が大好きなので，昨日，仕事について尋ねるために書店へ行った。彼女はそこで働くことを希望している」

質問の訳
「フィオナは昨日なぜ書店へ行ったか」

選択肢の訳
1 本を買うため。　　　　　　　**2** 仕事について尋ねるため。
3 雑誌を探すため。　　　　　　　**4** 作家に会うため。

解説
2文目の後半に … so yesterday she went to the bookstore とあり，続けてその目的が to ask about a job と説明されている。ここでの to 〜（動詞の原形）は，「〜するために」と目的を表す用法。save money は「お金を貯める，貯金する」という意味。

No. 28 解答 ①

放送文
Tom lives near a forest. He loves nature, and he's really interested in snakes. Yesterday, he saw one outside his house. He was excited, but a little scared, too.

Question: What happened yesterday?

放送文の訳
「トムは森の近くに住んでいる。彼は自然が大好きで，ヘビにとても興味がある。昨日，彼は家の外で一匹見かけた。彼はわくわくしたが，少し怖い気持ちにもなった」

質問の訳
「昨日何が起こったか」

選択肢の訳
1 トムがヘビを見かけた。
2 トムが怖い映画を見た。
3 トムが家を掃除した。
4 トムが森の中で道に迷った。

解説
質問の happened は happen「起こる」の過去形。3 文目の Yesterday, he saw one outside his house. から，**1** が正解。one は 2 文目の snakes を受けて a snake「1 匹のヘビ」の代わりに使われている。forest は「森」，scared は「怖がって」という意味。

No. 29 解答 ④

放送文
Attention, everyone. Today's baseball game was going to start at 5:30, but because of the heavy rain this afternoon, it'll start at 6:30. Please wait one hour.

Question: When will the baseball game start?

放送文の訳
「みなさまにお知らせいたします。本日の野球の試合は 5 時 30 分に始まる予定でしたが，本日午後の大雨のため，6 時 30 分に開始いたします。1 時間お待ちください」

質問の訳
「野球の試合はいつ始まるか」

選択肢の訳
1 1時に。   2 5時30分に。
3 6時に。   4 6時30分に。

解説
Attention, 〜「〜にお知らせいたします」で始まる案内放送。it'll start at 6:30 から **4** が正解。Today's baseball game was going to start at 5:30 とあるので，2 の 5:30 は当初の開始予定時刻。because of 〜は「〜のために」，heavy rain は「大雨」。

34

No. 30 解答 ②

放送文

I wanted to visit Italy last summer, but my husband didn't want to go.   He loves French art, so we went to France instead.   We had a great time.

Question: What did the woman do last summer?

放送文の訳

「私は昨年の夏にイタリアを訪れたかったが，私の夫は行きたくなかった。彼はフランス芸術が大好きなので，私たちは代わりにフランスへ行った。私たちはとても楽しい時間を過ごした」

質問の訳

「女性は昨年の夏に何をしたか」

選択肢の訳

1 彼女は芸術の授業を受けた。
2 彼女はフランスを訪れた。
3 彼女は夫の家族に会った。
4 彼女はイタリア語を勉強した。

解説

I wanted to ～, but … 「私は～したかったが…」の流れに注意する。女性は Italy「イタリア」に行きたかったが，実際に husband「夫」とどこへ行ったかは … so we went to France instead. で説明されている。instead は「（イタリアの）代わりに」ということ。

全　訳

国際的なスーパーマーケット

日本にはたくさんの国際的なスーパーマーケットがある。国際的なスーパーマーケットではいろいろな国々の興味深い食品を売っているので，多くの人たちに人気がある。このような店の食品は値段が高いこともある。

質問の訳

No.1 パッセージを見てください。なぜ国際的なスーパーマーケットは多くの人たちに人気がありますか。

No.2 イラストを見てください。カップはどこにありますか。

No.3 帽子をかぶった男性を見てください。彼は何をしていますか。

さて，〜さん，カードを裏返しにしてください。

No.4 あなたは今晩何をする予定ですか。

No.5 あなたは何かペットを飼っていますか。

はい。　→ もっと説明してください。

いいえ。→ あなたはどのような種類のペットを飼いたいですか。

No. 1

解答例

Because they sell interesting food from different countries.

解答例の訳

「そこではいろいろな国々の興味深い食品を売っているからです」

解　説

international は「国際的な」，be popular with 〜は「〜に人気がある」という意味。2文目に正解が含まれているが，解答する際，①質問の主語と重なる International supermarkets を3人称複数の代名詞 they に置き換える，②文の後半 so they are popular with many people「だから，それらは多くの人たちに人気がある」は質問と重なる内容なので省く，という2点に注意する。

No. 2

解答例

They're on the table.

解答例の訳

「テーブルの上にあります」

解　説

質問は Where「どこに」で始まり，cups「カップ」がある場所を尋ねている。解答する際は，質問の主語 the cups を3人称複数の

代名詞 They に置き換える。動詞は質問と同じ are を使って，They're [They are] とする。2つのカップはテーブルの上にあるので，They're の後に on the table を続ける。on は「～の上に」を意味する前置詞。

No. 3

解答例
He's buying pizza.

解答例の訳
「彼はピザを買っています」

解 説
イラスト中の the man wearing a hat「帽子をかぶった男性」に関する質問。質問の What is ～ doing? は，「～は何をしていますか」という現在進行形の疑問文。「ピザを買う」は buy pizza で，質問に合わせて He's [He is] buying pizza. という現在進行形で答える。

No. 4

解答例
I'm planning to cook dinner.

解答例の訳
「私は夕食を作る予定です」

解 説
plan to ～は「～する予定である」という意味で，質問では What are you planning to do …? と現在進行形になっている。this evening「今晩」の予定を，質問に合わせて I'm planning to ～（動詞の原形）の形で答える。

No. 5

解答例
<u>Yes.</u> → Please tell me more.
　　<u>— I have a bird.</u>
<u>No.</u> → What kind of pet would you like to have?
　　<u>— I'd like to have a hamster.</u>

解答例の訳
「はい」 → もっと説明してください。
　　—「私は鳥を飼っています」
「いいえ」 → あなたはどのような種類のペットを飼いたいですか。
　　—「私はハムスターを飼いたいです」

解 説
最初の質問には，pets「ペット」を飼っているかどうかを Yes(, I do). / No(, I don't). で答える。Yes の場合の2番目の質問 Please tell me more. には，自分が飼っているペットが何かなどを答えればよい。No の場合の2番目の質問の What kind of ～は「どのような種類の～」という意味で，自分が飼いたいと思っているペッ

トを I'd [I would] like to have ～の形で答える。解答例の他に，(Yes の場合) I have two dogs.「私は犬を2匹飼っています」，(No の場合) I'd like to have a cat.「私はネコを飼いたいです」や I don't want to have any pets.「私はどのようなペットも飼いたいとは思いません」のような解答も考えられる。

| 二次試験・面接 | 問題カード **B** 日程 | 問題編 p.38〜39 | 🔊 ▶MP3 ▶アプリ ▶CD 1 **39**〜**42** |

全 訳

コンサート

ステージ上の有名な歌手やバンドを見るのはわくわくする。多くの人たちは友だちと一緒にコンサートへ行くことを楽しむが，1人でコンサートを見ることが好きな人たちもいる。音楽祭は夏によく屋外で開催される。

質問の訳

No.1　パッセージを見てください。一部の人たちは何をすることが好きですか。

No.2　イラストを見てください。男性は両手に何を持っていますか。

No.3　長い髪の女性を見てください。彼女は何をしていますか。

さて，～さん，カードを裏返しにしてください。

No.4　あなたは毎晩，何時間寝ますか。

No.5　あなたはテレビを見て楽しみますか。

　　　はい。　→ もっと説明してください。

　　　いいえ。→ あなたは夕食後に何をすることが好きですか。

No. 1

解答例　They like watching concerts alone.

解答例の訳　「1人でコンサートを見ることが好きです」

解 説　like ～ing は「～することが好きだ」という意味。2文目の but 以降に正解が含まれているが，解答する際，①質問の主語と重なる some people を3人称複数の代名詞 They に置き換える，②文の前半 Many people enjoy going to concerts with their friends「多くの人たちは友だちと一緒にコンサートへ行くことを楽しむ」は some people ではなく many people についてなので

含めない，という2点に注意する。

No. 2

解答例 He has a newspaper.

解答例の訳 「彼は新聞を持っています」

解　説 イラスト中の男性に関する質問で，in his hands は「彼の両手に」という意味。解答する際は，質問の主語 the man を3人称単数の代名詞 He に置き換える。質問の動詞は have だが，解答では主語が He の肯定文なので has を使う。男性は両手に新聞を持っているので，has の後にその目的語となる a newspaper を続ける。

No. 3

解答例 She's talking on her phone.

解答例の訳 「彼女は電話で話しています」

解　説 イラスト中の the woman with long hair「長い髪の女性」に関する質問。質問の What is ～ doing? は，「～は何をしていますか」という現在進行形の疑問文。「電話で話す」は talk on one's [the] phone で，質問に合わせて She's [She is] talking on her [the] phone. という現在進行形で答える。

No. 4

解答例 I sleep about eight hours.

解答例の訳 「私は8時間くらい寝ます」

解　説 〈How many＋複数名詞〉は数を尋ねる表現，hour(s) は「時間」という意味。毎晩何時間寝ているかを，I sleep about ～ hours.「～時間くらい寝ています」や I sleep for ～ hours.「～時間寝ています」の形で答える。

No. 5

解答例 Yes. → Please tell me more.
　　　　　 — I like cooking shows.
No. → What do you like to do after dinner?
　　　 — I listen to music.

解答例の訳 「はい」 → もっと説明してください。
　　　　　　 —「私は料理番組が好きです」
「いいえ」 → あなたは夕食後に何をすることが好きですか。
　　　　　　 —「私は音楽を聞きます」

enjoy ～ing は「～することを楽しむ」という意味で，最初の質問には watching TV「テレビを見ること」を楽しむかどうかを Yes(, I do). / No(, I don't). で答える。Yes の場合の2番目の質問 Please tell me more. には，いつ，どのような番組を見ることが好きかなどを答えればよい。No の場合の2番目の質問 What do you like to do after dinner? には，after dinner「夕食後」に何をするのが好きかを I ～ や I like to ～ の形で答える。解答例の他に，(Yes の場合) I often watch baseball games on TV.「私はよくテレビで野球の試合を見ます」，(No の場合) I like to read books.「私は本を読むことが好きです」のような解答も考えられる。

2019-1

一次試験
筆記解答・解説　　p.42〜54

一次試験
リスニング解答・解説　　p.55〜71

二次試験
面接解答・解説　　p.72〜76

解答一覧

一次試験・筆記

1

(1)	1	(6)	3	(11)	1
(2)	2	(7)	3	(12)	3
(3)	4	(8)	2	(13)	1
(4)	1	(9)	4	(14)	2
(5)	1	(10)	2	(15)	3

2

(16)	1	(18)	3	(20)	2
(17)	1	(19)	4		

3 A

(21)	3	**3 B**	(23)	1
(22)	1		(24)	4
			(25)	1

3 C

(26)	2	(28)	3	(30)	2
(27)	3	(29)	1		

4　解答例は本文参照

一次試験・リスニング

第1部

No. 1	1	No. 5	2	No. 9	1
No. 2	3	No. 6	2	No.10	2
No. 3	1	No. 7	1		
No. 4	3	No. 8	3		

第2部

No.11	1	No.15	4	No.19	2
No.12	3	No.16	1	No.20	1
No.13	3	No.17	4		
No.14	2	No.18	1		

第3部

No.21	2	No.25	1	No.29	1
No.22	3	No.26	1	No.30	2
No.23	4	No.27	4		
No.24	4	No.28	4		

(1) 解答 **1**

訳 　A「釣りに行くのは好き？」
　　B「ううん，釣りは退屈だと思う」

解説 　Do you like to go fishing? に B は No と答えているので，釣りが好きではない理由となる boring「退屈な」が正解。exciting「わくわくする」，enjoyable「楽しい」，glad「うれしい」。

(2) 解答 **2**

訳 　「アンディーは大きな建物の6階に住んでいる。彼の友だちのデイビッドはその下の5階のアパートに住んでいる」

解説 　アンディーが住んでいるのは the sixth floor「6階」で，デイビッドはその下の the fifth floor「5階」に住んでいるので，below「下に[へ，の]」が正解。back「後ろに」，before「以前に」，later「後で」。

(3) 解答 **4**

訳 　A「この箱の中にペンは何本あるの？」
　　B「わからないわ。数えて確かめてみましょう」

解説 　How many 〜（複数名詞）は数を尋ねる表現。ペンの本数について B は I don't know. と答えているので，Let's count them「それら（＝ペン）を数えてみましょう」という流れになる。invite「〜を招待する」，break「〜を壊す」，turn「〜を回す」。

(4) 解答 **1**

訳 　A「きみはすばらしい家を持っているね，クララ」
　　B「ありがとう。父がそれを設計したの」

解説 　空所後の it はクララの home「家」を指している。これにつながる動詞は，design「〜を設計する，デザインする」の過去形 designed。2，3，4は bring「〜を持ってくる」，share「〜を共有する」，write「〜を書く」の過去形。

(5) 解答 ①

訳　「フットボールの試合は7時に始まるので，6時15分に駅の外で**会おう**」

解説　football はアメリカでは「フットボール」，イギリスでは「サッカー」を指す。試合が7時に始まるので，6時15分に meet「会う」という流れ。make「作る」，come「来る」，show「見える」。

(6) 解答 ③

訳　「大勢の人の前で話すときは，**大きな**声で話さなければならない」

解説　When you speak in front of many people「大勢の人の前で話すとき」に関する内容であることと，空所後の voice「声」とのつながりから，loud「大きな」が正解。tall「背が高い」，long「長い」，wide「(幅が) 広い」。

(7) 解答 ③

訳　「芸術コンテストで優勝すれば，賞を受け取ることになります」

解説　prize は「賞，賞金」という意味で，これにつながる動詞は receive「～を受け取る」。invite「～を招待する」，guess「～を推測する」，serve「(食事や飲み物など) を出す」。

(8) 解答 ②

訳　A「野球の試合のチケットを2枚手に入れたんだ。ぼくと一緒に来**ない？**」
　　　B「いいわね。とても行きたいわ」

解説　空所後の don't you に注目し，相手を誘う Why don't you ～?「～しませんか」という表現にする。ここでの Why は「なぜ」という意味ではないことに注意する。How「どのように」，What「何」，When「いつ」。

(9) 解答 ④

訳　「私は普段7時に起きて，9時**から**10時**の間に**寝る」

解説　空所後に nine and ten「9時と10時」があるので，between A and B「Aと[から]Bの間に」という表現にする。get up は「起

43

きる」，go to bed は「寝る」という意味。before「〜の前に」，on「〜の上に」，still「まだ」。

(10) 解答 **2**

訳　「ナンシーはお金を貯めたいので，今週は外食しないつもりだ」

解説　空所前後の go と to eat とのつながりを考えて，go out to eat「食事をしに外出する→外食する」という表現を作る。save money は「お金を貯める」という意味。near「〜の近くに」，by「〜のそばに」，down「下に」。

(11) 解答 **1**

訳　「先週末に両親が私たちをキャンプに連れていってくれたとき，私たちはとても楽しい時間を過ごした」

解説　空所後の a lot of fun につながる動詞は have の過去形 had で，have (a lot of) fun で「（とても）楽しい時間を過ごす」という意味。2，3，4 は do「（〜を）する」，play「〜をする，演奏する」，get「〜を得る」の過去形。

(12) 解答 **3**

訳　「私の学校では，人々は校舎の中に入るときに靴を脱がなければならない」

解説　空所後の off their shoes とのつながりを考えて，take off 〜「〜を脱ぐ」とする。school building は「校舎」という意味。have「〜を持っている」，make「〜を作る」，bring「〜を持ってくる」。

(13) 解答 **1**

訳　「私の兄［弟］はミュージシャンだ。彼は私にギターの弾き方を教えてくれることになっている」

解説　musician「ミュージシャン，音楽家」である兄［弟］が教えてくれるのは，how to play the guitar「ギターの弾き方」。〈how to＋動詞の原形〉で「〜のしかた［方法］」という意味の表現になる。

(14) 解答 **2**

訳　「もしフランクが今日の練習でひざをけがしたら，週末のサッカー

大会ではプレーできないだろう」

解説 injure「～をけがする」の形がポイントの問題。If 節の主語は3人称単数の Frank なので，主語に合わせて injures とする。won't は will not の短縮形，be able to ～は「～することができる」という意味。

(15)　解答　**3**

訳 A「あそこでバナナを食べているサルを見て」
B「あら，とてもかわいいわ」

解説 空所以降が直前の the monkey「サル」を修飾する関係を作るために，動詞 eat「～を食べる」を現在分詞 eating「～を食べている」とする必要がある。over there は「あそこで」という意味。

一次試験・筆記　2　問題編 p.44

(16)　解答　**1**

訳 娘「今日の期末試験でよい成績が取れるといいんだけど」
母親「心配はいらないわ。あなたは一生懸命勉強したんだから，うまくいくわよ」

解説 娘の I hope ～は「～だといいんだけど」，do well on an exam [a test] は「試験[テスト]でよい成績を取る」という意味。母親の You studied hard, so you'll do well. と意味的につながるのは 1 の Don't worry. で，一生懸命勉強したので「心配はいらない」ということ。

(17)　解答　**1**

訳 女性「昨夜，ママ・デルズというレストランへ行ったの。聞いたことある？」
男性「うん。ぼくの友だちがそこはとてもおいしいって言ってたよ」

解説 女性が行ったレストラン Mama Dell's が話題。男性の Yes. My friend said it's delicious. につながるのは 1 で，Have you heard of ～? は「～のことを聞いたことがありますか」という意味。heard は hear「聞く」の過去分詞。

(18) 解答 3

訳
父親「今日の気分はどう，ポール？」
息子「**あまりよくないよ。まだ熱があるんだ**」

解　説
How are you feeling? は相手の気分や体調を尋ねる表現。息子はまだ fever「熱」があると言っているので，3 が正解。not so ～は「あまり～ではない」ということ。2 の Not at the moment. は「今のところはそうではない」という意味。

(19) 解答 4

訳
娘　　「私を公園へ連れて行ってくれない，お母さん？」
母親「**寒すぎて外では遊べないわ。代わりに映画を見ましょう**」

解　説
娘の Can you ～?「～してくれませんか」は依頼する表現。母親は instead「代わりに」を使って watch a movie「映画を見る」ことを提案しているので，公園へは行かない理由になっている 4 が正解。too ～ to ...「～すぎて…できない」という意味。

(20) 解答 2

訳
男性「もうすぐオーストラリアへ行くんじゃないの？」
女性「そうよ。**月曜日の朝に出発する**ので，今週末に準備しなくちゃいけないの」

解　説
空所後に so「だから」があるので，空所に入る内容が I have to get ready this weekend「今週末に準備しなければならない」の理由になることが予想できる。正解 2 の現在進行形 I'm leaving ～は近い未来を表す用法。

一次試験・筆記 **3A** 問題編 p.46～47

ポイント
さまざまな日本映画を上映する，日本映画フェスティバルを案内する映画館の掲示。フェスティバルの具体的な内容とともに，日時や場所，チケット料金などに注意して，情報を整理しながら読

もう。

全訳

日本映画フェスティバル

サンタウン映画館へお越しいただき，すばらしい日本映画をお楽しみください！ コメディー，ドラマ，ホラー映画，その他多数を上映いたします。

時：7月10日から7月20日
場所：サンタウン映画館，ウィルソン通り21番地
チケット料金：大人ー15ドル 学生と子どもー10ドル

各チケットには無料で日本の緑茶のボトル1本がついてきます。フェスティバルは7月10日に「カラオケキング」というコメディーから始まります。その上映開始前に，有名な俳優であるサトウ・アキラが映画館へ来て，映画について話します。このイベントに参加したい方は，すぐにチケットをお買い求めください！詳細は当館のウェブサイトをご確認ください：

www.suntowntheater.com

語句

amazing「すばらしい」，comedies＜comedy「コメディー」の複数形，horror movie(s)「ホラー映画」，children＜child「子ども」の複数形，a bottle of ～「ボトル1本の～」，green tea「緑茶」，begin with ～「～から始まる」，actor「俳優」，attend「～に参加する，出席する」，website「ウェブサイト」

(21) 解答 **3**

質問の訳 「人々はチケットを買うと何がもらえるか」

選択肢の訳
1 日本のお菓子。 2 「カラオケキング」のDVD。
3 ボトル1本のお茶。 4 映画のポスター。

解説
掲示のTicket Prices「チケット料金」の下に，You'll be given a free bottle of Japanese green tea with each ticket. とある。given は give の過去分詞で，You'll be given ～は「～を与えられる」，つまり「～がもらえる」ということ。

(22) 解答 **1**

質問の訳 「7月10日に何が起こるか」

1 サトウ・アキラが「カラオケキング」について話をする。
2 映画フェスティバルが終わる。
3 サンタウン映画館でカラオケのコンテストがある。
4 サンタウン映画館が閉館する。

解 説　On July 10, the festival will begin with ... の次に，The famous actor, Akira Sato, will ... talk about the movie before it starts. とある。the movie は，前文にある a comedy called *Karaoke King* を指している。正解 1 の give a talk about 〜「〜について話をする，講演を行う」は，掲示の talk about 〜「〜について話す」とほぼ同じ意味。

一次試験・筆記　**3B**　問題編 p.48〜49

ポイント　夏休みに入ったマイクが祖母に送った E メールと，祖母からの返信。マイクがテレビゲームを買うお金を得るために最初にしたこと，次に考えついたアイディアと祖母への質問，その質問に対する祖母の返信内容などを中心に読み取ろう。

全 訳　送信者：マイク・コステロ

受信者：ローズ・コステロ

日付：6 月 25 日

件名：新しいアイディア

こんにちは，おばあちゃん，

元気ですか？　学校が先週終わったので，今ぼくは夏休み中です。毎日，テレビゲームをしたり，プールへ泳ぎに行ったりしています。お父さんに新しいゲームを買うためのお金を頼みましたが，お父さんはダメだと言いました。お父さんは，ぼくはアルバイトを見つけるべきだと言いました。ぼくは今 17 歳なので，お父さんの言うとおりかもしれません。ともかく，ぼくにはアイディアがあります。自分自身のビジネスを始めることにしました。人々の車を洗うつもりです。家々を訪ねて，1 台 10 ドルで洗車します。すでにお母さんとお父さんの友だち何人かに聞いて，その人たちは興味があると言ってくれました。おばあちゃんはどうですか？

そのうちぼくにおばあちゃんの車を洗ってほしいですか？
それでは，
マイク

送信者：ローズ・コステロ
受信者：マイク・コステロ
日付：6月25日
件名：今週の土曜日
こんにちは，マイク，

Eメールをありがとう。あなたが夏休みを楽しんでいると聞いて
うれしいわ。昨日，お母さんから電話があったの。お母さんは，
あなたがこの前の数学のテストでいい成績を取らなかったので心
配だと言ってたわ。きっと次回はもっとよくできると思うわ。そ
れはすばらしいビジネスのアイディアね。私のために車を洗いに
来てくれるかしら？　普段はおじいちゃんが洗車するんだけど，
おじいちゃんは年を取ってきたの。近ごろはおじいちゃんが洗車
するのはとても大変なの。月に1度，洗車に来ていいわよ。今週
土曜日の正午に来てくれる？　もちろんお金を払うけど，あなた
に何か昼食も作ってあげたいの。ツナとチーズのサンドイッチは
どう？　金曜日の夜までに電話して知らせてね。
それでは，
おばあちゃん

語句　vacation「休み」，part-time job「アルバイト」，guess「〜だ
と思う」，anyway「それはそうと，ともかく」，decide to 〜「〜
することに決める」，business「ビジネス，仕事」，interested
「興味がある」，sometime「そのうち，いつか」，worried「心配
して」，get old「年を取る」，these days「近ごろ」，pay「（人）
に支払う」，tuna「ツナ，マグロ」，let 〜 know「〜に知らせる」

(23) 解答 **①**

質問の訳　「最初，マイクの問題は何だったか」
選択肢の訳　**1** 彼の父親が彼にお金をあげなかった。

49

2 彼は忙しすぎて新しい仕事を見つけられなかった。

3 彼はプールでの仕事が好きではなかった。

4 彼はうまく泳げなかった。

解 説 Mike's problem「マイクの問題」は，マイクが書いた最初の E メールの4文目に I asked Dad for some money to buy some new games, but he said no. と書かれている。ask 〜 for … は「〜に…を（くれるように）頼む」という意味。he said no は，父親がマイクにお金をあげることについて no と言ったということ。

(24) 解答 **4**

質問の訳 「マイクの母親はマイクについて何と言ったか」

選択肢の訳 **1** 彼は有名な自動車会社で働きたくない。

2 彼の学校で一番好きな科目は数学だ。

3 彼は今年の夏に自動車教習所へ通いたい。

4 彼は数学のテストでいい点数を取らなかった。

解 説 マイクの祖母が書いた2番目の E メールの3文目に Your mother called yesterday. とあり，次の She said … because you didn't do well on your last math test. が，マイクの母親が祖母に話した内容。didn't do well on 〜「〜の成績がよくなかった」が，正解4では didn't get a good score on 〜「〜でいい点数を取らなかった」と表現されている。

(25) 解答 **1**

質問の訳 「今週の土曜日，マイクの祖母がマイクにしてほしいことは」

選択肢の訳 **1** 彼女の車を洗う。

2 サンドイッチを作る。

3 彼の祖父に電話する。

4 彼女を車で店に連れていく。

解 説 2番目の E メールの7文目で，マイクの祖母はマイクに Could you come and wash my car for me? と洗車を依頼している。さらに11文目の Could you come this Saturday at noon? で，今週の土曜日に来るように頼んでいる。

カダダで有名なアイスホッケー選手だったモーリス・リシャールの生涯に関する4段落構成の英文。年号や年齢などに注意しながら，モーリスが子どものときの様子，プロのチームに入ってからの活躍などについて理解しよう。

全　訳

モーリス・リシャール

　カナダでは，他のどのスポーツよりもサッカーをする子どもたちが多いが，アイスホッケーも人気がある。多くの子どもたちは，プロのアイスホッケー選手になることを夢見ている。彼らにとって，アイスホッケー選手は特別なものだ。有名なカナダ人アイスホッケー選手の1人が，モーリス・リシャールだ。

　モーリスは1921年に，カナダのモントリオールで生まれた。子どもの頃，彼はアイススケート，野球，そしてボクシングを楽しんだが，アイスホッケーが一番好きだった。14歳のとき，彼は友だちと一緒に学校でアイスホッケーをし始めた。16歳のとき，学校をやめて，父親と一緒に仕事に就いた。それから，18歳のとき，彼はアマチュアのアイスホッケーチームに入った。

　21歳のとき，モーリスはモントリオール・カナディアンズというプロのアイスホッケーチームでプレーし始めた。モーリスはすぐにチームの重要な選手になり，1シーズンで50ゴールを決めた最初の選手になった。彼は力強く，とても速くスケートで滑ったので，人々は彼のことを"ロケット"と呼び始めた。彼がプレーをすると，チームは多くの試合で勝った。彼はモントリオール・カナディアンズがスタンレー・カップ（北米プロアイスホッケー優勝決定戦）で8回優勝することに貢献した。モーリスは1960年に，アイスホッケーをすることをやめた。彼は18年間，プロのアイスホッケー選手だった。

　モーリスが2000年に亡くなったとき，多くのカナダ人は悲しんだ。彼は史上最も偉大なアイスホッケー選手の1人だったので，人々は彼のことが大好きだった。モーリス・"ロケット"・リシャール・トロフィーという賞があるので，彼は今でも人々の記憶に残っ

ている。それは毎年，1シーズンで最も多くのゴールを決めた選手に贈られる。

（語句）　dream of ～ing「～することを夢見る」，professional「プロの」，Canadian「カナダ人の」，ice-skating「アイススケート」，boxing「ボクシング」，left school「学校をやめた」（left＜leave「～を去る」の過去形），important player「重要な選手」，goal(s)「ゴール，得点」，season「（スポーツの）シーズン」，won＜win「～に優勝する，勝つ」の過去形，in history「歴史上」，award「賞」，given＜give「～を与える」の過去分詞

(26) 解答 2

質問の訳　「カナダではどのスポーツが最も多くの子どもたちにプレーされているか」

選択肢の訳
1　ボクシング。　　　　　　　2　サッカー。
3　野球。　　　　　　　　　　4　アイスホッケー。

解説　第1段落の最初の文に，In Canada, more children play soccer than any other sport と書かれている。「他のどのスポーツよりもサッカーをする子どもたちが多い」とはつまり，サッカーが最も多くの子どもたちがするスポーツということ。

(27) 解答 3

質問の訳　「モーリス・リシャールは16歳のときに何をしたか」

選択肢の訳
1　彼はアイスホッケーをし始めた。
2　彼は友だちと一緒にボクシングクラブに入った。
3　彼は父親と一緒に働き始めた。
4　彼はアマチュアのアイスホッケーチームに入った。

解説　質問の when he was 16 years old に注目して，ほぼ同じ表現が含まれている第2段落の4文目 He left school and got a job with his father when he was 16. から判断する。got a job「仕事に就いた」が，正解3では started working「働き始めた」と言い換えられている。

(28) 解答 ③

質問の訳 「モーリスはなぜ "ロケット" と呼ばれたか」

選択肢の訳
1 彼はボクシングがとてもじょうずだった。
2 彼のチームメートが彼のことを大好きだった。
3 彼は力強く，速くスケートで滑った。
4 彼はモントリオール・カナディアンズでプレーをした。

解説　第3段落の3文目に，He was strong and skated very fast, so people started calling him "The Rocket." とある。〜, so … は「〜，だから…」という意味で，He was strong and skated very fast が so 以下の理由になっている。正解3では，英文にはない skater「スケートをする人」が使われている。

(29) 解答 ①

質問の訳 「モーリスが今でも人々の記憶に残っている理由は」

選択肢の訳
1 彼の名前がついた特別な賞がある。
2 彼の名前がついたプロのアイスホッケーチームがある。
3 彼の名前がついたカナダの都市がある。
4 彼の名前がついたスケート学校がある。

解説　Maurice is still remembered は「モーリスは今でも覚えられている」，つまり，「モーリスは今でも人々の記憶に残っている」ということ。その理由は第4段落の3文目で，… because there is an award called the Maurice "Rocket" Richard Trophy. と説明されている。called「〜と呼ばれている」以下を，各選択肢では with his name「彼の名前がついた」と表現している。

(30) 解答 ②

質問の訳 「この話は何についてか」

選択肢の訳
1 プロのアイスホッケー選手になる方法。
2 有名なカナダ人アイスホッケー選手。
3 カナダのアマチュアのアイスホッケーチーム。
4 若いアイスホッケー選手に贈られる新しい賞。

解説　タイトルにもある通り Maurice Richard に関する英文で，彼について第1段落の4文目で，One famous Canadian ice hockey player is Maurice Richard. と説明している。これ以降，彼の生<ruby>涯<rt>がい</rt></ruby>について書かれていることから主題として **2** が<ruby>適切<rt>てき</rt></ruby>。

一次試験・筆記 4 | 問題編 p.52

質問の訳 「あなたは何曜日が一番好きですか」

解答例 I like Sundays the best because I can play soccer at the park with my friends. Also, my parents aren't busy on Sundays, so I can do many things with them.

解答例の訳 「友だちと一緒に公園でサッカーをすることができるので，<ruby>私<rt>わたし</rt></ruby>は日曜日が一番好きです。また，日曜日は私の<ruby>両親<rt>わたし</rt></ruby>が<ruby>忙<rt>いそが</rt></ruby>しくないので，両親と一緒に多くのことができます」

解 説 What day of the week は「週のうちでどの日」，つまり，「何曜日」ということ。最初に，一番好きな曜日を I like ～ the best の形で書き，続けてその理由を2つ説明する。解答例では，1文目：自分の考え（日曜日が一番好き）+1つ目の理由（友だちと一緒に公園でサッカーをすることができる），2文目：2つ目の理由（両親が<ruby>忙<rt>いそが</rt></ruby>しくないので，一緒に多くのことができる）という構成になっている。自分の考えに続けて理由を説明する because「～なので」，理由を追加する Also「また」，直前に述べたことの結果を表す so「だから」などの用法を<ruby>確認<rt>かくにん</rt></ruby>しておこう。

語 句 like ～ the best「～が一番好きだ」，parents「両親」，busy「<ruby>忙<rt>いそが</rt></ruby>しい」

例題　解答 ③

放送文
★：I'm hungry, Annie.

☆：Me, too. Let's make something.

★：How about pancakes?

1 On the weekend.　　**2** For my friends.

3 That's a good idea.

放送文の訳
★：「おなかがすいたよ，アニー」

☆：「私もよ。何か作りましょう」

★：「パンケーキはどう？」

1 週末に。　　**2** 私の友だちに。

3 それはいい考えね。

No.1　解答 ①

放送文
★：Oh, no! It's my turn next.

☆：Are you all right?

★：I'm really nervous.

1 You'll do fine.

2 It's my favorite.

3 They're for school.

放送文の訳
★：「ああ，どうしよう！　次はぼくの番だ」

☆：「大丈夫？」

★：「とても緊張しているよ」

1 あなたならうまくできるわ。

2 それは私のお気に入りよ。

3 それらは学校用よ。

解説
ピアノの発表会の場面で，男の子は my turn「自分の順番」が次なので nervous「緊張して」と言っている。これを受けた女の子の発話として適切なのは **1** で，do fine「うまくやる」を使って励ましている。

No. 2　解答 ③

放送文 ★：Excuse me.

☆：Yes, sir. How can I help you?

★：Could I see the menu?

1　Good evening, sir.

2　That's very cheap.

3　I'll bring it right away.

放送文の訳 ★：「すみません」

☆：「はい，お客さま。ご用件をお伺いいたします」

★：「メニューを見せていただけますか」

1　こんばんは，お客さま。

2　それはとても安いです。

3　すぐにお持ちいたします。

解　説　男性客の Could I see ～? は「～を見せていただけますか」という
意味で，menu「メニュー」を見たいということをウエートレスに
伝えている。これに対応しているのは 3 で，it は the menu を指す。
bring は「～を持ってくる」，right away は「すぐに」という意味。

No. 3　解答 ①

放送文 ★：I'm glad that school's over.

☆：Me, too.

★：What are your plans for the summer vacation?

1　I'm going to Los Angeles.

2　It'll be hot.

3　I went to the ocean.

放送文の訳 ★：「学校が終わってうれしいよ」

☆：「私もよ」

★：「夏休みはどういう予定なの？」

1　私はロサンゼルスへ行くの。

2　暑くなるわ。

3　私は海へ行ったの。

解　説　What are your plans for ～? は「～の予定[計画]は何ですか」
という意味で，男の子は女の子に the summer vacation「夏休み」

に何をするかを尋ねている。Los Angeles「ロサンゼルス」へ行くと具体的な計画を答えている **1** が正解。

No. 4　解答 ③

放送文
★：I think it's going to rain.
☆：I'd better go home, then.
★：Would you like to use my umbrella?
　1　It's time for dinner.
　2　Our house is green.
　3　I'll be OK.

放送文の訳
★：「雨が降ってくると思うよ」
☆：「それじゃ，私は家に帰らなくちゃ」
★：「ぼくの傘を使う？」
　1　夕食の時間よ。
　2　私たちの家は緑色よ。
　3　私は大丈夫よ。

解　説
Would you like to ～?「～したいですか」という質問に Yes/No で答えている選択肢はないが，正解 **3** の I'll be OK. は「私は（傘を使わなくても）大丈夫」ということ。I'd better ～（動詞の原形）は「私は～しないといけない[～したほうがいい]」という意味。

No. 5　解答 ②

放送文
★：I had a lot of fun tonight.
☆：Me, too.
★：Thanks for inviting me to dinner.
　1　I drove here.
　2　It was my pleasure.
　3　Sorry, I missed it.

放送文の訳
★：「今夜はとても楽しかったよ」
☆：「私もよ」
★：「ぼくを夕食に招待してくれてありがとう」
　1　私は車でここへ来たわ。
　2　どういたしまして。

3 ごめんなさい，それを見逃しちゃったわ。

解説 　男性は Thanks for ～「～してくれてありがとう」と，女性が dinner「夕食」に招待してくれたことを感謝している。正解 **2** の It was my pleasure. はお礼を言われたときの返答で，My pleasure. の形でも用いられる。

No. 6　解答 ❷

放送文　☆：Thanks for taking me fishing, Grandpa.

★：No problem.

☆：I really enjoyed it.

　　1 I brought one with me.

　　2 Let's go again sometime.

　　3 I'll ask your parents.

放送文の訳　☆：「私を釣りに連れていってくれてありがとう，おじいちゃん」

★：「どういたしまして」

☆：「とても楽しかったわ」

　　1 私は 1 つ持ってきたよ。

　　2 またいつか行こうね。

　　3 きみの両親に聞いてみるよ。

解説 　I really enjoyed it. の it は，Grandpa「おじいちゃん」が連れていってくれた fishing「釣り」のこと。「とても楽しかった」を受けた発話になっているのは **2** で，Let's ～（動詞の原形）は「～しよう」，sometime は「そのうち，いつか」という意味。

No. 7　解答 ❶

放送文　☆：What are you going to do today?

★：I'm going shopping.

☆：With your friends?

　　1 No, I'm going by myself.

　　2 No, I'll buy a dictionary.

　　3 No, I had lunch already.

放送文の訳　☆：「今日は何をする予定なの？」

★：「買い物に行くよ」

☆：「友だちと一緒に？」

1 ううん，1人で行くよ。

2 ううん，辞書を買うんだ。

3 ううん，もう昼食を食べたよ。

解　説　With your friends? は Are you going shopping with your friends? ということで，買い物に友だちと一緒に行くかどうかを尋ねている。これに対して，No と否定した後，by myself「自分1人で」と答えている **1** が正解。

No. 8　解答 **3**

放送文　★：Are you still drawing a picture?

☆：Yes, Dad.

★：When can I see it?
   1 I asked my art teacher.
   2 I have enough paper.
   3 After I finish.

放送文の訳　★：「まだ絵を描いているの？」

☆：「うん，お父さん」

★：「いつそれを見てもいいかな？」
   1 私は美術の先生に尋ねたわ。
   2 私は紙を十分持っているわ。
   3 私が描き終わったら。

解　説　draw a picture は「絵を描く」という意味。When can I see it? の it は女の子が描いている絵を指していて，父親はそれをいつ見ていいかを尋ねている。時を答えているのは **3** の After I finish. で，ここでの finish は「描き終える」ということ。

No. 9　解答 **1**

放送文　★：Yuko, is coffee popular in Japan?

☆：Yes, it is.

★：Do you often drink it?
   1 No, but my parents do.
   2 No, I left it at the café.
   3 No, because it's too far.

放送文の訳　★：「ユウコ，コーヒーは日本で人気があるの？」

☆：「ええ，あるわよ」

★：「きみはよく飲むの？」

1 ううん，でも私の両親はよく飲むわ。

2 ううん，私はそれをカフェに置いてきちゃったわ。

3 ううん，それは遠すぎるから。

解　説　Do you often drink it? の it は coffee「コーヒー」を指している。正解 **1** の No, but … は「自分は飲まないけれど～」ということで，my parents do は my parents often drink it「私の両親はそれ（＝コーヒー）をよく飲む」という意味。

No. 10 解答 **2**

放送文　★：Did you watch the baseball game on TV last night?

☆：No.

★：Why not?

1 I have one in my room.

2 I watched a movie instead.

3 You can't join the club.

放送文の訳　★：「昨夜，野球の試合をテレビで見た？」

☆：「ううん」

★：「どうして見なかったの？」

1 私は自分の部屋に1つあるわ。

2 私は代わりに映画を見たの。

3 あなたはそのクラブに入れないわ。

解　説　Did you watch the baseball game on TV last night? に女の子は No. と答えているので，Why not? は「どうして野球の試合をテレビで見なかったのか」ということ。I watched a movie と理由を答えている **2** が正解で，instead は「代わりに」という意味。

| 一次試験・リスニング | 第**2**部 | 問題編 p.55～56 | ▶MP3 ▶アプリ ▶CD 1 **54**～**64** |

No. 11 解答 **1**

放送文　★：Why did you buy so much food, Mom?

☆：Tomorrow is your grandmother's birthday party, Jim.

★：I thought we were going to a restaurant.

☆：No, Grandma wants to have the party at our house.

Question: Where will the party be?

放送文の訳　★：「どうしてそんなにたくさん食料を買ったの，お母さん？」

☆：「明日はおばあちゃんの誕生日パーティーよ，ジム」

★：「レストランへ行くんだと思ってたよ」

☆：「ううん，おばあちゃんは私たちの家でパーティーをしたいの」

質問の訳　「パーティーはどこで行われるか」

選択肢の訳
1　ジムの家族の家で。　　　　2　ジムの友だちの家で。

3　スーパーマーケットで。　　4　レストランで。

解説　grandmother's birthday party の場所について，ジムは I thought we were going to a restaurant. と言っているが，その後で母親は Grandma wants to have the party at our house と答えている。our house とは，正解 1 の Jim's family's house のこと。

No. 12　解答　③

放送文　☆：Excuse me. Do you have any chocolate cakes?

★：I'm sorry. They're sold out. But we have some cheesecakes.

☆：No, thanks. I'll come back tomorrow.

★：Sure, I'll keep a chocolate cake for you then.

Question: What will the woman do tomorrow?

放送文の訳　☆：「すみません。チョコレートケーキはありますか」

★：「申し訳ありません。売れ切れました。でも，チーズケーキならあります」

☆：「いえ，結構です。明日また来ます」

★：「かしこまりました，それではお客さまにチョコレートケーキをお取り置きしておきます」

質問の訳　「女性は明日，何をするか」

選択肢の訳
1　チーズケーキを買う。　　　2　自分でケーキを作る。

3　また店に行く。　　　　　　4　違う店で買い物をする。

解説　女性は自分が買いたかったチョコレートケーキが They're sold

out「売り切れている」とわかったので，I'll come back tomorrow.「明日また来る」と言っている。このことを Go to the store again. と表している **3** が正解。

No. 13 解答 ③

放送文
☆：Jim, what does your dad do?

★：He's a doctor. How about yours, Becky?

☆：He teaches at Weston High School.

★：My brother goes to that school.

Question: Who is a doctor?

放送文の訳
☆：「ジム，あなたのお父さんのお仕事は何？」

★：「医者だよ。きみのお父さんは，ベッキー？」

☆：「ウェストン高校で教えているわ」

★：「ぼくの兄[弟]がその学校へ通っているよ」

質問の訳　「誰が医者か」

選択肢の訳
1 ベッキーの父親。　　　**2** ベッキーの兄[弟]。

3 ジムの父親。　　　**4** ジムの兄[弟]。

解　説
What does ～ do? は職業が何かを尋ねる表現。ベッキーの Jim, what does your dad do? にジムは He's a doctor. と答えているので，医者をしているのはジムの父親。

No. 14 解答 ②

放送文
☆：Dad, there's a new bakery next to the station.

★：Really?

☆：Yes. Can we go there?

★：Sure, let's go now and get some sandwiches for lunch.

Question: What will they do now?

放送文の訳
☆：「お父さん，駅の隣に新しいパン屋ができたわよ」

★：「本当？」

☆：「うん。そこへ行ける？」

★：「いいよ，今から行って，昼食にサンドイッチを買おう」

質問の訳　「彼らは今から何をするか」

選択肢の訳
1 電車に乗る。　　　**2** 新しくできたパン屋へ行く。

3 彼らの昼食を作る。　　　**4** 彼らの友だちの家を訪ねる。

解　説　a new bakery「新しくできたパン屋」が話題。この後の行動は，父親の let's go now and get ...「今から行って，〜を買おう」から判断する。let's go now とは，今から新しくできたパン屋へ行くということ。next to 〜は「〜の隣に」という意味。

No.15 解答 4

放送文　☆：What did you do on Saturday, Ken?

★：I practiced with my band, Grandma.

☆：How about Sunday?

★：I studied with a friend.

Question: What are they talking about?

放送文の訳　☆：「土曜日は何をしたの，ケン？」

★：「ぼくのバンドと練習したんだ，おばあちゃん」

☆：「日曜日は？」

★：「友だちと一緒に勉強したよ」

質問の訳　「彼らは何について話しているか」

選択肢の訳　**1** ケンの新しい友だち。　　　**2** ケンの大好きなバンド。

3 ケンの部屋。　　　**4** ケンの週末。

解　説　祖母がケンに尋ねている2つの質問 What did you do on Saturday, Ken? と How about Sunday? から，ケンが土曜日と日曜日，つまり weekend「週末」に何をしたかが話題になっていることがわかる。

No.16 解答 1

放送文　★：Sorry I couldn't go to your soccer game last Friday.

☆：That's OK.

★：Did your team win?

☆：Yes, but I didn't get any goals.

Question: What happened last Friday?

放送文の訳　★：「先週の金曜日，きみのサッカーの試合に行けなくてごめん」

☆：「いいのよ」

★：「きみのチームは勝ったの？」

☆：「ええ，でも私はゴールを決められなかったわ」

質問の訳　「先週の金曜日に何があったか」

1 女の子のチームが試合に勝った。

2 女の子がゴールを決めた。

3 男の子がサッカーの試合に行った。

4 コーチが遅刻した。

解説 last Friday にあった女の子の soccer game が話題。男の子の Did your team win? に女の子は Yes と答えているので，**1** が正解。won は win「勝つ」の過去形。男の子の I couldn't go to your soccer game，女の子の I didn't get any goals から，**2** と **3** は不正解。

No. 17 解答 ④

放送文 ★ : I finished my homework, Ms. Westwood.

☆ : Already? I just gave it to you this morning.

★ : I did it at lunchtime because I'll be busy tonight.

☆ : That's great.

Question: When did the boy do his homework?

放送文の訳 ★ :「宿題が終わりました，ウェストウッド先生」

☆ :「もう？　今朝出したばかりよ」

★ :「今夜は忙しくなるので，昼休みにやりました」

☆ :「それはすごいわ」

質問の訳 「男の子はいつ宿題をしたか」

選択肢の訳 **1** 昨日の朝。　　　　　　　**2** 昨夜。

3 今朝。　　　　　　　　　**4** 昼休みに。

解説 男の子の I did it at lunchtime から，**4** が正解。it はウェストウッド先生から今朝出された homework「宿題」を指している。at lunchtime は「昼休みに，昼食時に」という意味。

No. 18 解答 ①

放送文 ☆ : You look sad, Billy.

★ : Yeah. I wanted to look at the stars tonight, but it's too cloudy.

☆ : Well, the newspaper says it'll be nice tomorrow.

★ : I hope so.

Question: Why is Billy sad?

（放送文の訳）☆：「悲しそうね，ビリー」

★：「うん。今夜，星を見たかったんだけど，雲が多すぎるんだ」

☆：「うーん，新聞には明日は晴れるって書いてあるわ」

★：「そうだといいんだけど」

（質問の訳）「ビリーはなぜ悲しいのか」

（選択肢の訳）
1　彼は今夜，星を見ることができない。

2　明日はくもりになる。

3　彼は新聞を見つけることができない。

4　彼の理科の宿題が難しい。

（解説）女の子から You look sad, Billy. と言われたビリーは，I wanted to look at the stars tonight, but it's too cloudy. と答えている。too ～（形容詞）は「～すぎる，あまりに～」という意味で，it's too cloudy は「雲が多すぎる（ので星が見られない）」ということ。

No. 19　解答 **2**

（放送文）☆：What's wrong?

★：My washing machine broke again.

☆：Are you going to buy a new one?

★：I want to, but I won't have enough money until next month.
Question: What does the man want to do?

（放送文の訳）☆：「どうしたの？」

★：「ぼくの洗濯機がまた壊れちゃったんだ」

☆：「新しいのを買うの？」

★：「そうしたいんだけど，来月までは十分なお金がないんだ」

（質問の訳）「男性は何をしたいか」

（選択肢の訳）
1　女性のお金を返す。　　　2　新しい洗濯機を買う。

3　新しい家を買う。　　　　4　来月に女性を訪ねる。

（解説）Are you going to buy a new one? の one は，washing machine「洗濯機」を指している。この質問への男性の答え I want to は，I want to (buy a new washing machine) を短く表現したもの。正解 2 では，buy と同じ意味で Get が使われている。

No. 20 解答 **1**

 ☆ : Did you go running yesterday?

★ : Yes. I got up at six thirty and ran five kilometers before work.

☆ : Great. I'm going to run 10 kilometers tonight.

★ : Good luck.

Question: How far did the man run yesterday?

 ☆ :「昨日は走りに行ったの？」

★ :「うん。6時30分に起きて，仕事の前に5キロ走ったよ」

☆ :「すごいわね。私は今夜，10キロ走るつもりよ」

★ :「がんばってね」

質問の訳 「男性は昨日，どれくらいの距離を走ったか」

選択肢の訳 **1** 5キロ。　　**2** 6キロ。　　**3** 10キロ。　　**4** 30キロ。

解　説 男性のI … ran five kilometers before work. から，**1** が正解。ran は run「走る」の過去形。3 の Ten kilometers. は，女性が今夜走る距離。男性の起床時間である six thirty を聞いて **2** や **4** を選ばないように注意する。

一次試験・リスニング **第3部** 問題編 p.57〜58　🔊　▶MP3 ▶アプリ ▶CD 1 65 〜 75

No. 21 解答 **2**

放送文　Yuko is going to play tennis this weekend. She'll meet her friends at the station early on Saturday morning. They're going to take the train together to the tennis court.

Question: Where is Yuko going to meet her friends?

放送文の訳 「ユウコは今週末，テニスをする予定だ。土曜日の朝早くに，駅で友だちと会う。彼女らは一緒に電車に乗ってテニスコートへ行く」

質問の訳 「ユウコはどこで友だちに会うか」

選択肢の訳 **1** 電車の中で。　　　　**2** 駅で。
3 テニスコートのそばで。　**4** 彼女の家で。

解　説 ユウコが友だちと会う場所については，2文目で She'll meet her friends at the station … と説明されていることから，**2** が正解。

66

They're going to take the train together とあるが，電車に乗る前に友だちと会うので1は不正解。

No. 22 解答 ③

放送文
Last weekend, my family and I drove to my grandparents' house. Our dog doesn't like cars, so he couldn't come with us. I asked my friend George to take care of him.
Question: What did the girl ask George to do?

放送文の訳
「先週末，私は家族と車で祖父母の家に行った。我が家の犬は車が好きではないので，一緒に来ることができなかった。私は友だちのジョージに犬の世話をしてくれるように頼んだ」

質問の訳
「女の子はジョージに何をするように頼んだか」

選択肢の訳
1 旅行に行く。　　　　　　　2 彼女にペットを買う。
3 彼女の犬の世話をする。　　4 彼女の祖父母を訪ねる。

解説
最後の I asked my friend George to take care of him. から判断する。ask ~ to ... は「~に…するように頼む」，take care of ~は「~の世話をする」という意味。him は our dog「我が家の犬」を指している。

No. 23 解答 ④

放送文
Tom was busy yesterday. In the morning he helped his mother with the shopping, and after lunch, he went to his part-time job in a restaurant. When he got home in the evening, he had to study.
Question: What did Tom do after lunch yesterday?

放送文の訳
「トムは昨日忙しかった。午前中に彼は母親の買い物の手伝いをして，昼食後にレストランでのアルバイトに行った。夕方に帰宅してからは，勉強しなければならなかった」

質問の訳
「トムは昨日の昼食後に何をしたか」

選択肢の訳
1 彼は買い物に行った。　　　2 彼は家で勉強した。
3 彼は母親の手伝いをした。　4 彼はレストランで働いた。

解説
昼食後にしたことは，… and after lunch, he went to his part-time job in a restaurant. から判断する。part-time job は「アルバイト」という意味。この内容を，正解4では worked at a

restaurant「レストランで働いた」と表現している。

No. 24 解答 ④

放送文

Last weekend, I went to the bookstore to buy a birthday present for my brother. He loves airplanes, and I found a good book about airplanes. But it was too expensive, so I couldn't buy it.

Question: What was the girl's problem?

放送文の訳
「先週末，私は兄[弟]の誕生日プレゼントを買うために書店へ行った。彼は飛行機が大好きで，私は飛行機に関するいい本を見つけた。でも値段が高すぎたので，それを買うことができなかった」

質問の訳
「女の子の問題は何だったか」

選択肢の訳
1 彼女は兄[弟]を見つけることができなかった。
2 彼女は兄[弟]の誕生日を忘れた。
3 書店が開いていなかった。
4 本の値段が高すぎた。

解 説
女の子の problem「問題」は，最後の But it was too expensive, so I couldn't buy it. で説明されている。it はいずれも，bookstore「書店」で見つけた a good book about airplanes「飛行機に関するいい本」を指している。

No. 25 解答 ①

放送文

Brian can speak English and Chinese. His mother is from China, and she taught him Chinese. This summer, he plans to visit his grandparents in China by himself.

Question: What is Brian going to do this summer?

放送文の訳
「ブライアンは英語と中国語を話すことができる。彼の母親は中国出身で，彼女が彼に中国語を教えた。今年の夏，彼は1人で中国にいる祖父母を訪ねる予定だ」

質問の訳
「ブライアンは今年の夏に何をする予定か」

選択肢の訳
1 彼の祖父母を訪ねる。
2 母親と一緒に旅行に行く。
3 学校で英語を教える。
4 中国語を学び始める。

解説 This summer 以降の he plans to visit his grandparents in China by himself で，ブライアンが今年の夏に計画していることが説明されている。plan(s) to ～は「～する予定である」，by *one*self は「1人で」という意味。

No. 26 解答 **1**

放送文 I'm going to my friend's wedding in March. I already have a dress, and I'll buy some new shoes from my favorite store tomorrow. I'm not going to wear a hat.
Question: What will the woman buy tomorrow?

放送文の訳 「私は3月に友だちの結婚式へ行く予定だ。すでにドレスは持っていて，明日，私のお気に入りの店で新しい靴を買う。帽子はかぶっていかないつもりだ」

質問の訳 「女性は明日，何を買うか」

選択肢の訳 1 靴。　　　2 ドレス。　　　3 結婚指輪。　　　4 帽子。

解説 明日買うものについては，… and I'll buy some new shoes from my favorite store tomorrow. と言っているので，**1** が正解。favorite は「お気に入りの」という意味。I already have a dress や I'm not going to wear a hat. から，**2** と **4** は不正解。

No. 27 解答 **4**

放送文 Chelsea's house is a little dirty because she hasn't cleaned it since last Friday. She's going to clean the kitchen on Saturday evening and the living room and bedrooms on Sunday morning.
Question: When will Chelsea clean the living room?

放送文の訳 「チェルシーの家は，彼女が先週の金曜日以来掃除をしていないので，少し汚れている。彼女は土曜日の夕方に台所を，日曜日の朝にリビングと寝室を掃除するつもりだ」

質問の訳 「チェルシーはいつリビングを掃除するか」

選択肢の訳 1 今朝。　　　　　　　2 金曜日の夕方。
3 土曜日の夕方。　　　4 日曜日の朝。

解説 チェルシーが自分の家のどこをいつ掃除するかについて，the kitchen「台所」→ on Saturday evening，the living room and

bedrooms「リビングと寝室」→ on Sunday morning の情報を
聞き分けるようにする。dirty は「汚れて」という意味。

No. 28 解答 ④

放送文
Hiroko is a university student in England. She studies
math, science, and music. She enjoys music the most
because she thinks math and science are difficult.
Question: Which subject does Hiroko like the best?

放送文の訳
「ヒロコはイングランドの大学生だ。彼女は数学，科学，音楽を勉
強している。彼女は数学と科学は難しいと思っているので，音楽
を一番楽しんでいる」

質問の訳
「ヒロコはどの科目が一番好きか」

選択肢の訳　1 英語。　　　2 数学。　　　3 科学。　　　**4 音楽。**

解説
She enjoys music the most「彼女は音楽を一番楽しんでいる」
に正解が含まれている。she thinks math and science are
difficult とあるので，2 と 3 は不正解。

No. 29 解答 ①

放送文
My younger sister loves to write stories. Last weekend, I
read one. I was surprised because it was really good. I
think she's going to be a famous writer someday.
Question: Why was the boy surprised?

放送文の訳
「ぼくの妹は物語を書くことが大好きだ。先週末，ぼくは 1 つ読ん
だ。それはとてもよかったので，ぼくは驚いた。妹はいつか有名
な作家になると思う」

質問の訳
「男の子はなぜ驚いたか」

選択肢の訳
1 彼の妹の物語がとてもよかった。
2 彼は有名な作家に会った。
3 彼の妹が賞を取った。
4 彼は図書館の本を見つけた。

解説
I was surprised「驚いた」の理由は，その後の because it was
really good で説明されている。it は男の子が先週末に読んだ，妹
が書いた物語の 1 つを指している。read「～を読んだ」は過去形
として使われていて，red「赤，赤い」と同じ発音であることに注

意する。

No.30 解答 ②

放送文
Thank you for joining today's hiking tour. After walking for about two hours, we'll take a 30-minute break to eat lunch. We'll arrive back here at about 1:15.

Question: How long will they stop for lunch?

放送文の訳
「本日のハイキングツアーにご参加いただき，ありがとうございます。2時間ほど歩いた後に，昼食をとるために30分休憩します。ここには1時15分ごろに戻ってきます」

質問の訳
「彼らは昼食にどれくらいの時間止まるか」

選択肢の訳
1 15分間。　　**2** 30分間。　　**3** 1時間。　　　**4** 2時間。

解説
hiking tour「ハイキングツアー」の参加者への案内。we'll take a 30-minute break to eat lunch とあるので，**2** が正解。take a break は「休憩を取る」，30-minute ～は「30分間の～」という意味。**4** の two hours は昼食休憩の前に歩く時間。

全 訳

人気のある日本食

豆腐は多くのおいしい日本料理で使われる。豆腐をサラダやスープ，そしてアイスクリームやケーキの中にも入れることが好きな人たちがいる。豆腐は健康によくて値段も安いので，多くの人たちに食べられている。

質問の訳

No.1 パッセージを見てください。豆腐はなぜ多くの人たちに食べられていますか。

No.2 イラストを見てください。女性はボトルの水を何本持っていますか。

No.3 めがねをかけた男性を見てください。彼は何をしようとしていますか。

さて，〜さん，カードを裏返しにしてください。

No.4 あなたは暇なときに何をしてリラックスしますか。

No.5 あなたは動物園へ行ったことがありますか。

はい。 → もっと説明してください。

いいえ。→ あなたは週末にどこへ行くことが好きですか。

No. 1

解答例 Because it is healthy and cheap.

解答例の訳 「それは健康によくて値段も安いからです」

解 説 質問は eat「〜を食べる」の過去分詞 eaten を使った受動態で，tofu「豆腐」が多くの人たちに食べられる理由を尋ねている。3文目に正解が含まれているが，解答する際，①質問の主語と重なる Tofu を3人称単数の代名詞 it に置き換える，②文の後半 so it is eaten by many people「だからそれは多くの人たちに食べられている」は質問と重なる内容なので省く，という2点に注意する。

No. 2

解答例 She's holding two bottles of water.

解答例の訳 「彼女はボトルの水を2本持っています」

解 説 〈How many＋複数名詞〉は数を尋ねる表現。bottle(s)は「ビン，ボトル」という意味で，女性がボトルの水を何本持っているか尋

ねている。イラストで女性はボトルの水を 2 本持っているが，単に Two bottles of water. と答えるのではなく，質問の現在進行形に合わせて She's [She is] holding two bottles of water. と答える。

No. 3

解答例　He's going to clean the floor.

解答例の訳　「彼は床を掃除しようとしています」

解　説　イラスト中の the man with glasses「めがねをかけた男性」に関する質問。be going to ～は「～しようとしている」という意味で，男性がこれからとる行動は吹き出しの中に描かれている。質問に合わせて，He's [He is] going to ～（動詞の原形）の形で答える。「床を掃除する」は clean the floor と表現する。

No. 4

解答例　I read comic books.

解答例の訳　「私はマンガ本を読みます」

解　説　What do you do to relax は「リラックスするために何をするか（何をしてリラックスするか）」，in one's free time は「暇なときに」という意味。暇なときに何をしてリラックスするかを，I から始めて文の形で答える。

No. 5

解答例　<u>Yes.</u> → Please tell me more.
　　　　— I went to Ueno Zoo yesterday.
　　　　<u>No.</u> → Where do you like to go on weekends?
　　　　— I like to go to the shopping mall.

解答例の訳　「はい」 → もっと説明してください。
　　　　—「私は昨日，上野動物園へ行きました」
　　　　「いいえ」 → あなたは週末にどこへ行くことが好きですか。
　　　　—「私はショッピングモールへ行くことが好きです」

解　説　最初の質問の Have you ever been to ～? は「今までに～へ行ったことがありますか」という意味で，zoo「動物園」に行ったことがあるかどうかを Yes(, I have). / No(, I haven't). で答える。Yes の場合の 2 番目の質問 Please tell me more. には，いつ，どの動物園へ行ったかなどについて答えればよい。No の場合の 2 番

目の質問 Where do you like to go on weekends? には，週末に行くことが好きな場所を，I like to go to 〜 の形で答える。解答例の他に，（Yes の場合）I went to a zoo in Chiba last year.「私は昨年，千葉の動物園に行きました」，（No の場合）I like to go to the park near my house.「私は家の近くの公園へ行くことが好きです」のような解答も考えられる。

全 訳

健康クラブ

日本には，健康クラブがたくさんある。多くの人たちはじょうぶな体で健康でいたいと思うので，健康クラブの会員になる。時々，人々はそこで新しい友だちを作ることもできる。

質問の訳

No.1 パッセージを見てください。多くの人たちはなぜ健康クラブの会員になるのですか。

No.2 イラストを見てください。テレビはどこにありますか。

No.3 女性を見てください。彼女は何をしようとしていますか。

さて，〜さん，カードを裏返しにしてください。

No.4 あなたはどのようなジャンルの映画を見るのが好きですか。

No.5 あなたはレストランで食事をするのが好きですか。

はい。 → もっと説明してください。

いいえ。→ なぜですか。

No.1

解答例 Because they want to stay strong and healthy.

解答例の訳 「じょうぶな体で健康でいたいと思うからです」

解 説 質問文の become は「〜になる」，member(s) は「会員」という意味。正解を含む 2 文目は，〈〜, so …〉「〜（原因・理由），だから…（結果）」の構文。解答する際，①質問の主語と重なる Many people を 3 人称複数の代名詞 they に置き換える，②文の後半 so they become members of health clubs「だから彼らは健康クラブの会員になる」は質問に含まれている内容なので省く，という 2

点に注意する。

No. 2

解答例 It's on the wall.

解答例の訳 「壁にかかっています」

解　説 Where は「どこに」という意味で，television「テレビ」がある場所を尋ねている。解答する際は，質問の主語 the television を 3 人称単数の代名詞 It で置き換える。動詞は質問と同じ is を使って，It's [It is] とする。テレビは壁にかかっているので，It's の後に on the wall を続ける。on は「～の上に，～に接触して」という意味の前置詞。

No. 3

解答例 She's going to open the window.

解答例の訳 「彼女は窓を開けようとしています」

解　説 be going to ～は「～しようとしている」という意味で，女性がこれからとる行動は吹き出しの中に描かれている。質問に合わせて，She's [She is] going to ～（動詞の原形）の形で答える。「窓を開ける」は open the window と表現する。

No. 4

解答例 I like to watch action movies.

解答例の訳 「私はアクション映画を見るのが好きです」

解　説 What kind of ～は「どのような種類［ジャンル］の～」という意味。自分が見ることが好きな movies「映画」のジャンルを，I like to watch ～ の形で答える。解答例の action movies の他に，science fiction movies「SF 映画」や adventure movies「冒険映画」と答えることもできるが，ジャンルを聞かれているので，特定の映画名を答えないように注意する。

No. 5

解答例 <u>Yes.</u> → Please tell me more.

　　　　 — <u>I like to eat sushi.</u>

　　　 <u>No.</u> → Why not?

　　　　 — <u>I like to eat at home.</u>

解答例の訳 「はい」→ もっと説明してください。

　　　　 —「私はすしを食べるのが好きです」

「いいえ」 → なぜですか。
　— 「私は家で食べるのが好きです」

最初の質問には，eat at restaurants「レストランで食事をする」のが好きかどうかを Yes(, I do). / No(, I don't). で答える。Yesの場合の2番目の質問 Please tell me more. には，レストランで食事をするのが好きな理由や何を食べるかなどを答えればよい。No の場合の2番目の質問 Why not? は「なぜそうではないのか」，つまり「なぜレストランで食事をすることが好きではないのか」ということ。解答例のほかに，（Yes の場合）I often eat at restaurants on weekends.「私はよく週末にレストランで食べます」，（No の場合）There aren't any good restaurants near my house.「私の家の近くにはいいレストランがありません」のような解答も考えられる。

2018-3

一次試験
筆記解答・解説　　　　p.78〜90

一次試験
リスニング解答・解説　p.91〜107

二次試験
面接解答・解説　　　　p.108〜112

解答一覧

一次試験・筆記

1

(1)	3	(6)	2	(11)	2
(2)	4	(7)	4	(12)	4
(3)	3	(8)	3	(13)	3
(4)	4	(9)	1	(14)	1
(5)	2	(10)	1	(15)	2

2

(16)	1	(18)	3	(20)	2
(17)	1	(19)	4		

3 A

(21)	3
(22)	3

3 B

(23)	4
(24)	1
(25)	3

3 C

(26)	3	(28)	2	(30)	2
(27)	1	(29)	4		

4　解答例は本文参照

一次試験・リスニング

第1部	No. 1	3	No. 5	2	No. 9	1
	No. 2	2	No. 6	1	No.10	1
	No. 3	1	No. 7	3		
	No. 4	2	No. 8	2		

第2部	No.11	3	No.15	2	No.19	3
	No.12	3	No.16	4	No.20	2
	No.13	2	No.17	4		
	No.14	1	No.18	1		

第3部	No.21	3	No.25	2	No.29	2
	No.22	3	No.26	3	No.30	2
	No.23	4	No.27	4		
	No.24	1	No.28	1		

(1) 解答 **3**

訳 「ジョンは記憶力(おく)がいい。彼(かれ)は友だち全員の電話番号を覚えておくことができる」

解 説 1文目の具体的な内容(よう)が2文目に書かれている。He can remember 〜「彼(かれ)は〜を覚えておくことができる」から，ジョンが持っているのは a good memory「すぐれた記憶力(おく)」。care「注意，世話」，wish「願い」，hope「希望」。

(2) 解答 **4**

訳 A 「お母さん，その箱はとても大きいよ。お母さんの代わりにぼくがそれを運ぶよ」

B 「あら，ありがとう，エドワード」

解 説 空所後の it は1文目の that box「その箱」を指していて，それを目的語にとって文意が成り立つ動詞は carry「〜を運ぶ」。enter「〜に入る」，guess「〜を推測する」，believe「〜を信じる」。

(3) 解答 **3**

訳 「サリーはテレビのレポーターだ。彼女(かの)は有名な歌手とのインタビューがあったので，今日はとてもわくわくしていた」

解 説 with a famous singer「有名な歌手との」が空所に入る語を修飾(しゅうしょく)する関係なので，意味的なつながりから interview「インタビュー」が正解(かい)。answer「答え」，example「例」，order「注文，命令」。

(4) 解答 **4**

訳 A 「リンダ，もうパーティーのための服を着ている？」

B 「ううん，何を着たらいいかわからないの」

解 説 B の I don't know what I should wear から，A は B にパーティーに着ていく服装(そう)について尋(たず)ねていることがわかる。be dressed for 〜は「〜のための服を着ている」という意味。**1** は need「〜が必要である」，**2** は sign「署名する」，**3** は move「動

く」の過去形・過去分詞。

(5)　解答　2

訳　「クリスティーナは女優だ。彼女はよくテレビに出ていて，ときどき舞台で演じる」

解説　女優がすることで，空所後の on stage「舞台[ステージ]で」と意味的につながる動詞は，2 の performs「演じる」。1，3，4 は invent「〜を発明する」，protect「〜を守る」，imagine「想像する」の 3 人称単数現在の形。

(6)　解答　2

訳　「この置き時計は 20 世紀初頭に作られたので，約 100 年経っている」

解説　20th（twentieth）は「20 番目の」という意味。was made「作られた」とのつながりから，the 20th century「20 世紀」とする。area「地域」，moment「瞬間」，tournament「大会」。

(7)　解答　4

訳　「マットは普段，朝食を食べないで仕事に出かける。彼は駅の近くの喫茶店でトーストを食べてコーヒーを飲む」

解説　2 文目の He has toast and coffee at a coffee shop から，家では朝食を食べないことがわかる。without 〜ing は「〜しないで」という意味。since「〜以来」，between「〜の間に」，through「〜を通して」。

(8)　解答　3

訳　「カレンの家は通りにある他のどの家よりも大きい」

解説　Karen's house と other house を比較している文。〈than any other＋単数形の名詞〉で「他のどの〜よりも」という意味。own「自分自身の」，whole「全体の」，much「たくさんの」。

(9)　解答　1

訳　「私の祖父はジョギングが大好きだ。今日は雨が降ったが，祖父は早く起きて，いつものようにジョギングに出かけた」

解説 love ～ing は「～することが大好きだ」という意味。空所後の usual に注目して，as usual「いつものように」という表現にする。ever「今まで」，by「～によって」，on「～の上に」。

(10) 解答 **1**

訳 A「スーザンは来月に看護学校を卒業するね」
B「そうね。彼女は本当に看護師になりたいと思っていて，今，ついに夢が実現するわね」

解説 graduate from ～は「～を卒業する」，nursing school は「看護学校」という意味。come true で「（夢などが）実現する」という表現になる。get「～を得る」，go「行く」，have「～を持っている」。

(11) 解答 **2**

訳 A「どうしたの，シェリー？」
B「財布をなくしちゃったの」

解説 空所前の What's the とつながるのは matter で，What's the matter?「どうしたの，何かあったの」は困った様子の人などに対して使う表現。horizon「水平線，地平線」，difference「違い」，figure「図，姿」。

(12) 解答 **4**

訳 A「この中は暗いわね。明かりをつけてくれる，サム？」
B「わかった」

解説 dark「暗い」という状況で空所前の turn，空所後の the light「明かり」とのつながりから，turn on ～「（明かりなど）をつける」という表現にする。反対の「（明かりなど）を消す」は turn off ～。with「～と一緒に」，in「～の中に」。

(13) 解答 **3**

訳 「ジャックは部屋を掃除し終えて，それから友だちの家に行った」

解説 finished は finish「～を終える」の過去形。この後に動詞を続ける場合は finish ～ing「～し終える」の形をとるので，clean「～を掃除する」の動名詞 cleaning が正解。

(14) 解答 ①

訳 A「今度の土曜日はトムの誕生日ね。彼にプレゼントを買いましょう」

B「いい考えだね」

解説 Let's「～しましょう」は相手に提案などをする表現で，この後には動詞の原形（ここでは buy）が続く。buy は〈buy +（人）+（物）〉「（人）に（物）を買う」の形で使うことができる。

(15) 解答 ②

訳 A「ショーンはいつも遅刻するよね？」

B「ええ。一度，私は彼を２時間待ったわ」

解説 〈肯定文, 否定形＋主語 ?〉や〈否定文, 肯定形＋主語 ?〉で，「～ですよね？」と相手に確認したり同意を求めたりする付加疑問と呼ばれる形になる。ここでは Sean is ～ という肯定文なので，is を否定形にして isn't he? とする。

一次試験・筆記 2 問題編 p.68

---

(16) 解答 ①

訳 妻「新しいコンピューターで E メールを確認する方法を教えてくれる？」

夫「ちょっと待って，メアリー。上司と電話中なんだ」

解説 Husband「夫」が Wife「妻」から how to check my e-mail「私の E メールを確認する方法」を尋ねられている。夫の on the phone with ～ は「～と電話中」という意味なので，待ってくれるように頼んでいる Just a minute が正解。

(17) 解答 ①

訳 女の子「あなたの犬はとてもかわいいわね。どれくらい飼っているの？」

男の子「ぼくが５歳のときからだよ」

解説 How long have you had him? の How long は「どれくらいの

期間」，him は Your dog のことで，女の子は男の子に犬を飼っている期間を尋ねている。これに対応しているのは 1 で，since は「〜以来，〜のときから」。4 は期間を表す for を使って答えているが，every morning「毎朝」が不適切。

(18) 解答 3

訳 女性「ポール・エドワーズが先月に結婚したのを知ってた？」
男性「ううん。誰がそれをきみに言ったの？」
女性「彼の弟よ」

解 説 女性が最後に His younger brother. と具体的な人を答えていることから，Who で始まる疑問文の 3 が正解。told は tell「（人）に〜を言う」の過去形。that は Paul Edwards got married last month を指している。

(19) 解答 4

訳 女性1「今週末にクリスマスプレゼントを買いに行かないといけないわ」
女性2「私もよ。一緒に行かない？」
女性1「ええ。いいわね」

解 説 2 人とも Christmas presents を買う必要があるという状況と，空所後の OK. Sounds good. という応答から 4 が正解。Why don't we 〜?「〜しませんか」は相手を何かに誘う表現で，2 の Why don't you 〜?「〜してはどうですか」は相手に提案する表現。

(20) 解答 2

訳 女の子「あなたの大切なテニスの試合はいつ？」
男の子「明日だよ。今週はあまり練習していないから，少し心配だよ」

解 説 so「だから〜」に注目してこの前後の意味的なつながりを考えると，haven't practiced much「あまり練習していない」→ a little worried「少し心配」という流れが適切。haven't practiced は〈have not＋過去分詞〉の現在完了形で，「これまで〜していない」ということ。

ポイント　クジラを観察する船のツアーの案内。掲示全体の目的を理解することに加えて，時刻，曜日，料金などの情報にも注目しよう。

全 訳

青い海での楽しみ
クジラの観察をする船旅

当社のクジラ観察ツアーにご参加ください！　クジラが見られなくても，美しい海を楽しんでサウス湾の歴史について学ぶことができます。

船は午前10時から午後4時まで2時間おきに出発します。クジラ観察の季節は5月から9月までです。毎週火曜日と，天候が不良のときは休業いたします。

<u>チケット料金</u>

✧　大人：35ドル

✧　3歳から12歳までの子ども：18ドル

✧　3歳未満の子ども：無料

船上で特別なパーティーをされたい方は，詳細を当社のウェブサイトでご確認ください：

www.blueseawhalewatching.com

語 句　amusement「楽しみ」, whale watching「クジラ観察，ホエールウォッチング」, history「歴史」, every 〜 hours「〜時間ごとに」, weather「天候」, price(s)「料金」, adult(s)「大人」, children＜child「子ども」の複数形, website「ウェブサイト」

(21) 解答 3

質問の訳　「この掲示は何についてか」

選択肢の訳
1　遊園地でのショー。
2　船の歴史に関する授業。
3　クジラを見る船のツアー。
4　浜辺での特別なパーティー。

解 説　何に関する notice「掲示」であるかを尋ねている。タイトルの Whale Watching Boat Rides や，1文目の Come and join a whale watching tour with us! から判断する。正解 3 の boat tour は「船のツアー」，to ~は「~するための」という意味。

(22)　解答　**③**

質問の訳　「人々が乗船できないのは」

選択肢の訳　1　12歳未満の場合。　　　　　2　午前10時から午後4時の間。
3　天候が不良の場合。　　　　4　毎週木曜日。

解　説　質問の cannot go on a boat ride は掲示にはない表現だが，掲示では We are closed every Tuesday and when the weather is bad. の部分に乗船できないのはどのようなときかが示されている。

一次試験・筆記　**3B**　問題編 p.72〜73

ポイント　アメリカの高校生ナンシーと，夏にナンシーのところへ行くジュンコとの E メールによるやり取り。ナンシーが運転免許の取得に向けて何をしているか，日米では運転免許の取得についてどのような違いがあるかを中心に読み取ろう。

全　訳　送信者：ナンシー・ヒル
受信者：ジュンコ・コバヤシ
日付：5月12日
件名：自動車運転の教習
こんにちは，ジュンコ，
元気？　私の夏休みは3週間後に始まるわ。先週，私の高校で放課後に自動車運転の教習を受けて，6月の第2週に運転免許の試験を受けることになっているの。試験に合格したら，あなたが8月に来るときに私が運転して回ることができるわ。あなたがこちらにいるときに，私は祖母の家まで旅行したいと思っているの。私たちはそこへ車で行けるわ。
あなたに会うのが待ち遠しいわ！
ナンシー

送信者：ジュンコ・コバヤシ
受信者：ナンシー・ヒル

日付：**5月13日**
件名：本当？
こんにちは，ナンシー，
Eメールをありがとう。私の夏休みは7月末まで始まらないわ。あなたはまだ16歳なので，運転免許を取れるなんて驚きだわ。日本では，18歳にならないとだめなの。私は大学に入ったら自動車教習所へ行く予定よ。運転免許の取得は日本ではとてもお金がかかるの。アメリカ合衆国ではいくらかかるの？　あなたはじょうずなドライバーになると思うわ。ともかく，あなたのおばあちゃんにぜひ会いたいわ。
あなたの友，
ジュンコ

送信者：ナンシー・ヒル
受信者：ジュンコ・コバヤシ
日付：**5月13日**
件名：今年の夏
こんにちは，ジュンコ，
うわー，18歳になるまで運転免許を取れないんだ！　アメリカ合衆国のほとんどの人は16歳で運転免許が取れるわ。費用もこちらの方が安いと思うわよ。学校での教習は無料だったわ。運転免許の試験を受けるときは，40ドル払えばいいだけよ。毎週末に，私はお母さんかお父さんと一緒に家の近くで運転しているの。それはいい練習になるわ。まだ自分1人では運転できないから，両親のどちらかが車に同乗しなくちゃいけないの。
またすぐに書いてね！
ナンシー

語句　driving test「運転免許試験」，pass「〜に合格する」，can't wait to 〜「〜するのが待ち遠しい」，until「〜まで」，driver's license「運転免許（証）」，be planning to 〜「〜する予定だ」，driving school「自動車教習所」，expensive「（費用・値段が）高い」，cost「（費用が）かかる」，anyway「ともかく」，

cheaper＜cheap「安い」の比較級，practice「練習」，by
oneself「自分1人で」

(23) 解答 4

質問の訳 「ジュンコはいつナンシーを訪ねるか」

選択肢の訳 **1** 3週間後に。　　　　　　**2** 6月の第2週に。
3 7月末に。　　　　　　**4** 8月に。

解 説 最初のEメールの4文目に，If I pass the test, I can drive us
around when you come in August. と書かれている。I はこの
Eメールを書いたナンシー，you は受信者のジュンコのこと。

(24) 解答 1

質問の訳 「ジュンコは大学に入ったら何をする予定か」

選択肢の訳 **1** 運転の仕方を習う。
2 アメリカ合衆国で運転免許の試験を受ける。
3 ナンシーの学校で特別な授業を受ける。
4 彼女の祖母の家へ運転していく。

解 説 ジュンコが書いた2番目のEメールの5文目に，I'm planning
to go to a driving school when I start university. とある。go
to a driving school「自動車教習所へ行く」のは how to drive
「運転の仕方」を習うためなので 1 が正解。

(25) 解答 3

質問の訳 「ナンシーは毎週末に，どのようにして車の運転を練習するか」

選択肢の訳 **1** 彼女は自分1人で運転する。
2 彼女はレッスン代として先生に 40 ドル払う。
3 彼女は両親のどちらかと一緒に車を運転する。
4 彼女は友だちの家へ車で行く。

解 説 質問の practice は「～を練習する」という動詞として使われてい
る。3番目のEメールの6文目 On weekends, I drive near my
house with my mom or dad. から，3 が正解。one of her
parents「彼女の両親のうちの1人」とは，ナンシーの母親か父親
のどちらかということ。

ポイント　バレンタインデーの歴史に関する4段落構成の英文。当時のローマを統治していたクラウディウス2世が兵士の結婚について決めたこと，それに対してバレンタインデーの由来となったバレンティヌスが取った行動を中心に読み取ろう。

全　訳

バレンティヌス

　世界中の多くの人がバレンタインデーを祝う。いくつかの国では，人々は友だちや家族にチョコレートや他の贈り物をあげる。彼らはそういった人たちへの愛情を示すためにこうする。しかし，バレンタインデーの歴史は実際にはとても悲しい。バレンタインデーという名前は，バレンティヌスと呼ばれたローマの神父の名前に由来している。彼は 226 年に生まれた。

　当時，ローマにはとても大きくて強力な軍隊があった。軍隊の兵士の多くは，結婚して家庭を持ちたかった。しかし，ローマの統治者であるクラウディウス 2 世は，兵士は結婚すべきでないと考えたので，それを規則にした。その後，兵士はもはや結婚することができなくなった。その規則を破って結婚した兵士もいたが，彼らは誰にも言うことができなかった。

　多くの神父はクラウディウス 2 世を恐れていたので，彼らは兵士が結婚することを手助けしなかった。しかし，バレンティヌスは男性と女性は結婚して家庭を持つべきだと考えた。だから，彼は兵士が結婚したいと思ったときは，彼らを助けた。ある日，人々がバレンティヌスがこうしていることに気づいたとき，彼はトラブルに巻き込まれ，投獄された。

　投獄されているとき，バレンティヌスはそこで働いている若い娘と出会った。毎日，彼女はバレンティヌスに食べ物を持ってきて彼と話し，2 人は仲よくなった。しかし，クラウディウス 2 世はバレンティヌスを処刑することにした。死ぬ前の晩に，バレンティヌスはその娘に手紙を書いた。彼は手紙に，「あなたのバレンタイン」と署名した。翌日，2 月 14 日，バレンティヌスは処刑された。しかし，今日，多くの人がこの日に愛を祝う。

celebrate「～を祝う」, Valentine's Day「バレンタインデー」, actually「実際は」, Roman「ローマの」, in those days「当時」, get married「結婚する」, leader「統治者, 指導者」, Rome「ローマ」, make ～ a rule「～を規則にする」, not ～ anymore「もはや～ない」, broke＜break「（規則など）を破る」の過去形, be afraid of ～「～を恐れる」, help ～ to *do*「～が…するのを助ける」, get in trouble「トラブルに巻き込まれる」, met＜meet「～に会う」の過去形, brought＜bring「～を持ってくる」の過去形, signed＜sign「～に署名する」の過去形

(26) 解答 3

質問の訳 「バレンタインデーが名付けられた由来は」

選択肢の訳
1 ある有名な兵士。 2 ある種類のチョコレート。
3 ローマ出身のある神父。 4 イタリアのある場所。

解 説 質問の was named after ～は「～にちなんで名付けられた」という意味。バレンタインデーの名前の由来については, 第1段落の5文目に The name Valentine's Day comes from the name of a Roman priest called Valentinus. と書かれている。come(s) from ～は「～に由来している」。

(27) 解答 1

質問の訳 「クラウディウス2世はなぜ新しい規則を作ったのか」

選択肢の訳
1 彼は兵士に結婚してほしくなかった。
2 彼は子どもたちに兵士になってほしくなかった。
3 彼はもっと多くの家族にローマに住んでほしかった。
4 彼はもっと多くの人たちに神父になってほしかった。

解 説 第2段落の3文目に, Claudius II, thought soldiers should not be married, so he made it a rule とある。so は「だから」という意味で, その前に書かれている内容が理由・原因になる。thought は think「～と思う, 考える」の過去形, should not ～は「～すべきではない」という意味。

(28) 解答 ②

質問の訳 「バレンティヌスは何を思ったか」

選択肢の訳
1 ローマの統治者は女性にもっと親切であるべきだ。
2 男性と女性は家庭を持つべきだ。
3 神父は手紙を書くべきではない。
4 兵士は戦争に行くべきではない。

解説 バレンティヌスが思ったことは，第3段落の2文目の However, Valentinus thought that 以下で説明されている。men and women should get married と（men and women should）have families のうち，正解2では後半部分が書かれている。

(29) 解答 ④

質問の訳 「クラウディウス2世は何をすることを決めたか」

選択肢の訳
1 バレンティヌスに手紙を書く。
2 貧しい人たちに食べ物を与える。
3 若い娘を助ける。
4 バレンティヌスを処刑する。

解説 質問の decide to 〜は「〜することを決める」という意味。第4段落の3文目に But Claudius II decided to kill Valentinus. とあるので，4が正解。kill は「〜を殺す，処刑する」。

(30) 解答 ②

質問の訳 「この話は何についてか」

選択肢の訳
1 戦争に行った何人かの兵士。
2 バレンタインデーの歴史。
3 大家族を持っていたローマの統治者。
4 軍隊に入った神父。

解説 第1段落の4文目に However, the history of Valentine's Day is actually very sad. とあり，これ以降，バレンタインデーの history「歴史」が，その名前の由来となったバレンティヌスに起こった悲劇を中心に書かれている。

質問の訳 「あなたは本を読むのとテレビゲームをするのとでは，どちらが好きですか」

解答例 I like reading books better than playing video games because I can learn new words when I read books. Also, I enjoy learning about the history of foreign cultures, so I like reading history books.

解答例の訳 「私は本を読むと新しい言葉が学べるので，テレビゲームをするより本を読むほうが好きです。また，外国文化の歴史について学ぶことが楽しいので，私は歴史の本を読むことが好きです」

解説 Which do you like better, A or B? は「A と B のどちらが好きですか」という意味で，reading books「本を読むこと」と playing video games「テレビゲームをすること」のどちらが好きかを尋ねている。最初に，自分が好きなほうを I like ～ better (than …) の形で書き，続けてその理由を2つ説明する。解答例では，1文目：自分の考え（本を読むほうが好き）＋1つ目の理由（新しい言葉が学べる），2文目：2つ目の理由（外国文化の歴史を学ぶことが楽しいので歴史の本を読むことが好き），という構成になっている。理由を説明する because「～なので」，情報を追加する also「また」，直前に述べたことの結果を表す so「だから」などの用法に慣れよう。

語句 new words「新しい言葉」，enjoy ～ing「～することを楽しむ」，foreign「外国の」，culture(s)「文化」

例題 解答 **3**

放送文
★：I'm hungry, Annie.
☆：Me, too. Let's make something.
★：How about pancakes?
  1 On the weekend.   **2** For my friends.
  3 That's a good idea.

放送文の訳
★：「おなかがすいたよ，アニー」
☆：「私もよ。何か作りましょう」
★：「パンケーキはどう？」
  1 週末に。   **2** 私の友だちに。
  3 それはいい考えね。

No.1 解答 **3**

放送文
★：Sorry he's so noisy.
☆：It's OK. I like dogs.
★：Do you have one, too?
  1 I don't usually come here.
  2 Well, it's a new park.
  3 No. My parents don't like them.

放送文の訳
★：「犬がとてもうるさくてごめん」
☆：「大丈夫よ。私は犬が好きなの」
★：「きみも犬を飼っているの？」
  1 私は普段ここへは来ないわ。
  2 ええと，それは新しい公園よ。
  3 ううん。私の両親は犬が好きじゃないの。

解説
Do you have one, too? の one は a dog のこと。犬を飼っているかどうかという質問に対応しているのは **3** で，No. の後にその理由を My parents don't like them (＝dogs). と説明している。

No. 2　解答 **2**

放送文 ★ : I like your car.

☆ : Thanks. I drive it on weekends.

★ : How long have you had it?

1　That's expensive.　　　　**2**　Since October.

3　From my parents.

放送文の訳 ★ :「きみの車，いいね」

☆ :「ありがとう。毎週末に乗っているの」

★ :「どれくらいの間乗っているの？」

1　それは値段が高いわ。　　　　**2**　10月からよ。

3　私の両親からよ。

解　説　How long は期間を尋ねる表現。How long have you had it? は「それ（＝車）をどれくらいの間所有しているか」，つまり，その車を手に入れてからどれくらい経つかということで，Since「〜以来」を使って答えている **2** が正解。

No. 3　解答 **1**

放送文 ★ : Where are you going, Susan?

☆ : To the hospital to visit my mother.

★ : Is she sick?

1　No, she broke her leg.

2　I went there yesterday.

3　It's a big hospital.

放送文の訳 ★ :「どこへ行くの，スーザン？」

☆ :「母を見舞いに病院へ」

★ :「お母さんは病気なの？」

1　ううん，脚を骨折したの。

2　私は昨日そこへ行ったわ。

3　それは大きな病院よ。

解　説　Is she sick? はスーザンの母親が病気なのかどうかを尋ねた質問。No の後に she broke her leg と母親の状況を説明している **1** が正解。broke は break「（骨）を折る」の過去形，leg は「脚」で，break *one's* leg で「脚を骨折する」という意味。

No. 4　解答 2

放送文　☆：Are you wearing that suit tonight?

★：Yes.　What are you going to wear?

☆：My new red dress.

　　1　Before ten o'clock.　　　**2**　That'll look great.

　　3　It's near here.

放送文の訳　☆：「今夜はそのスーツを着ていくの？」

★：「うん。きみは何を着ていくんだい？」

☆：「新しい赤のドレスよ」

　　1　10時前に。　　　　　　**2**　それはよさそうだね。

　　3　それはこの近くだよ。

解説　wear は「〜を着る」という意味。女性の My new red dress. は，I'm going to wear my new red dress. ということ。これに対応しているのは 2 で，That'll は That will「それは〜だろう」の短縮形，look great は「（服が）すてきに見える」という意味。

No. 5　解答 2

放送文　☆：How was my tennis match, Dad?

★：It was excellent, Sarah.

☆：Thanks.　I practiced hard.

　　1　I drove here.　　　　　**2**　I know you did.

　　3　I'll be there soon.

放送文の訳　☆：「私のテニスの試合はどうだった，お父さん？」

★：「すばらしかったよ，サラ」

☆：「ありがとう。一生懸命練習したの」

　　1　車でここへ来たよ。　　　**2**　そうしたのを知っているよ。

　　3　すぐにそこへ行くよ。

解説　tennis match「テニスの試合」の後のサラと父親の会話。practiced は practice「練習する」の過去形。サラの I practiced hard. を受けた発話になっているのは 2 で，you did は you practiced hard ということ。

No. 6　解答 **1**

★：Excuse me.

☆：How can I help you?

★：When's the next bus to City Hall?

1 It'll arrive in a few minutes.

2 It's two dollars for children.

3 Get off at the second stop.

★：「すみません」

☆：「どうしましたか」

★：「市役所へ行く次のバスはいつですか」

1 数分後に来ますよ。

2 子どもは２ドルです。

3 ２番目の停留所で降りてください。

When's は When is の短縮形で，男の子は the next bus to City Hall「市役所行きの次のバス」がいつかを尋ねている。バスが in a few minutes「数分後に」来ると答えている **1** が正解。arrive は「到着する」という意味。

No. 7　解答 **3**

☆：Is that banana cake?

★：Yeah.　I made it yesterday.

☆：Wow.　Do you often bake cakes?

1 Yes, when I'm finished.

2 Yes, it was half price.

3 Yes, every weekend.

☆：「それはバナナケーキ？」

★：「そうだよ。昨日作ったんだ」

☆：「うわー。よくケーキを焼くの？」

1 うん，ぼくが終わったらね。

2 うん，それは半額だったよ。

3 うん，毎週末に。

often は「よく，しばしば」，bake cakes は「ケーキを焼く」という意味で，女性は男性によくケーキを焼くのかどうか尋ねてい

る。every weekend「毎週末に」とケーキを焼く頻度を答えている 3 が正解。

No. 8　解答　②

放送文　☆：It was Linda's birthday yesterday, wasn't it?
　　　　★：Yeah.
　　　　☆：Did you buy her a present?
　　　　　　1　No, it's next Friday.
　　　　　　2　No, but I made her a card.
　　　　　　3　No, I stayed until the end.

放送文の訳　☆：「昨日はリンダの誕生日だったわよね？」
　　　　★：「そうだよ」
　　　　☆：「彼女にプレゼントを買ったの？」
　　　　　　1　ううん，それは次の金曜日だよ。
　　　　　　2　ううん，でもぼくは彼女にカードを作ったよ。
　　　　　　3　ううん，ぼくは最後までいたよ。

解　説　〈buy＋（人）＋（物）〉は「（人）に（物）を買う」という意味で，女の子は男の子に，リンダの誕生日に present「プレゼント」を買ったかどうか尋ねている。プレゼントは買わなかったけれど made her a card「彼女にカードを作った」と答えている **2** が正解。

No. 9　解答　①

放送文　★：Mom, I found a part-time job.
　　　　☆：Congratulations!
　　　　★：I'm going to be a waiter at a Korean restaurant.
　　　　　　1　That sounds interesting.
　　　　　　2　I've already eaten.
　　　　　　3　Maybe next time.

放送文の訳　★：「お母さん，アルバイトを見つけたよ」
　　　　☆：「おめでとう！」
　　　　★：「韓国料理のレストランでウェイターになるんだ」
　　　　　　1　それは面白そうね。
　　　　　　2　私はもう食べたわ。
　　　　　　3　また今度ね。

男の子から part-time job「アルバイト」で be a waiter at a Korean restaurant「韓国料理のレストランでウェイターになる」と伝えられた母親の応答として適切なのは **1**。sound ～（形容詞）は「～に聞こえる，思われる」という意味。

No.10 解答 ①

放送文 ☆：I'm going to the new café across the street.

★：All right.

☆：Why don't you join me?

    1 OK, I'll just get my wallet.

    2 No, it's beside the bank.

    3 Yes, I made a sandwich.

放送文の訳 ☆：「通りの向こう側にある新しいカフェに行ってくるわね」

★：「わかった」

☆：「私と一緒に行かない？」

    1 いいよ，ちょっと財布を取ってくるね。

    2 ううん，それは銀行の横だよ。

    3 うん，ぼくはサンドイッチを作ったよ。

解 説 Why don't you ～? は「～してはどうですか」と提案する表現。join は「～と一緒に行く，（人）に付き合う」という意味で使われている。the new café「新しいカフェ」に一緒に行くことを提案されているので，OK の後に wallet「財布」を取ってくると言っている **1** が正解。

一次試験・リスニング	第**2**部	問題編 p.79～80	🔊	▶MP3 ▶アプリ ▶CD 2 **12**～**22**

No.11 解答 ③

放送文 ★：Are you making lemonade, Mom?

☆：Yes. Why don't you help me?

★：OK. What can I do?

☆：Bring me five cups of water and cut six lemons.

    Question: How much water does the boy's mother need?

放送文の訳　★：「レモネードを作っているの，お母さん？」

☆：「そうよ。手伝ってくれる？」

★：「わかった。何をすればいい？」

☆：「水を5カップ持ってきて，レモンを6個切ってね」

質問の訳　「男の子の母親はどれくらいの量の水が必要か」

選択肢の訳　**1** 1カップ。　**2** 2カップ。　**3** 5カップ。　**4** 6カップ。

解　説　質問の How much ～（数えられない名詞）は「どれくらいの量の～」という意味。母親の Bring me five cups of water に正解が含まれている。bring は「（人）に～を持ってくる」，～ cups of … は「～カップ[杯]の…」という意味。

No. 12　解答 **3**

放送文　☆：Did you make your lunch today?

★：No, I didn't have time.

☆：How about eating at the French restaurant?

★：Let's eat in the cafeteria. It's faster.

Question: Where does the woman want to have lunch?

放送文の訳　☆：「今日は昼食を作ってきたの？」

★：「ううん，時間がなかったんだ」

☆：「フランス料理のレストランで食べない？」

★：「カフェテリアで食べよう。そのほうが早いよ」

質問の訳　「女性はどこで昼食を食べたいか」

選択肢の訳　**1** カフェテリアで。

2 彼女の家で。

3 フランス料理のレストランで。

4 男性の家で。

解　説　女性の How about eating at the French restaurant? から **3** が正解。How about ～ing?「～するのはどうですか，～しませんか」は，提案したり誘ったりする表現。Let's eat in the cafeteria. と言っているのは男性なので，**1** を選ばないように注意する。

No. 13　解答 **2**

放送文　★：How was the speech contest, Sally?

☆：I didn't win, but it was interesting. Karen won first prize.

97

★ : Wow! How did your other friends do?

☆ : Scott was third, and Bob was fourth.

Question: Who won first prize in the speech contest?

放送文の訳 ★ :「スピーチコンテストはどうだった，サリー？」

☆ :「入賞はしなかったけど，面白かったわ。カレンが 1 位を取ったの」

★ :「うわー！　他の友だちはどうだった？」

☆ :「スコットが 3 位で，ボブが 4 位だったわ」

質問の訳 「スピーチコンテストで誰が 1 位を取ったか」

選択肢の訳 **1** サリー。　　**2** カレン。　　**3** スコット。　　**4** ボブ。

解　説 Karen won first prize. から **2** が正解。won は win「（賞）を勝ち取る」の過去形，first prize は「1 位」。サリー自身の I didn't win や，Scott was third, and Bob was fourth. などの情報を整理しながら聞くようにする。

No. **14** 解答 **1**

放送文 ☆ : Can you teach me how to use the new computer?

★ : Not right now. I want to finish my homework first.

☆ : How about after dinner?

★ : Sure.

Question: What does the girl want to do?

放送文の訳 ☆ :「新しいコンピューターの使い方を教えてくれる？」

★ :「今すぐはダメだよ。先に宿題を終わらせたいんだ」

☆ :「夕食後はどう？」

★ :「いいよ」

質問の訳 「女の子は何をしたいか」

選択肢の訳 **1** コンピューターの使い方を習う。

2 男の子をレストランへ連れて行く。

3 彼女の宿題を終わらせる。

4 夕食を作る。

解　説 最初の Can you teach me how to use the new computer? の聞き取りがポイント。Can you ～?「～してくれませんか」は相手に依頼する表現で，これが女の子のしたいことなので **1** が正解。I want to finish my homework first. と言っているのは男の子で

あることに注意する。

No. 15 解答 ②

放送文　☆：Good morning. Dr. Hill's office.

★：Hi, I'd like to see the doctor tomorrow morning.

☆：I'm sorry, but he's busy tomorrow. He can see you this afternoon at four.

★：That'll be fine.

Question: When will the doctor see the man?

放送文の訳　☆：「おはようございます。ヒル医院です」

★：「もしもし，明日の午前に先生に診てもらいたいのですが」

☆：「申し訳ありませんが，先生は明日は多忙です。今日の午後4時でしたら診察できます」

★：「それで結構です」

質問の訳　「医者はいつ男性を診るか」

選択肢の訳　**1** 今日の午前。　　　　　　**2** 今日の午後。

3 明日の午前。　　　　　　**4** 明日の午後。

解説　男性の I'd like to see the doctor tomorrow morning. に対して女性は I'm sorry … tomorrow と言っているので，**3** と **4** は不正解。その後に続いている女性の He can see you this afternoon at four. と男性の That'll be fine. のやり取りから判断する。

No. 16 解答 ④

放送文　☆：Look over there! It's Donna Simpson.

★：Wow, you're right!

☆：She's so famous. I've seen all her movies.

★：Me, too. She's my favorite actress.

Question: Why are the boy and girl surprised?

放送文の訳　☆：「あそこを見て！　ドナ・シンプソンよ」

★：「うわー，本当だ！」

☆：「彼女はとても有名よね。私は彼女の映画をすべて見たわ」

★：「ぼくもだよ。彼女はぼくが一番好きな女優なんだ」

質問の訳　「男の子と女の子はなぜ驚いているか」

選択肢の訳　**1** チケットがとても安い。

2 映画館が閉まっている。

3 彼らは映画のポスターを当てた。

4 彼らは有名な人を見かけた。

解　説　最初の Look over there! It's Donna Simpson. から，ドナ・シンプソンという人を見かけた場面であることを理解する。また，女の子の She's so famous. や男の子の She's my favorite actress. から，ドナ・シンプソンは有名な女優だとわかる。

No. 17　解答 **4**

放送文　☆：You look happy.

　　　★：I am.　My dog ran away on Wednesday, but he came back last night.

　　　☆：Great.　Was he OK?

　　　★：Yeah, but he looked a little cold.

　　　　　Question: What happened last night?

放送文の訳　☆：「うれしそうね」

　　　★：「そうなんだ。ぼくの犬が水曜日に逃げちゃったんだけど，昨夜戻ってきたんだ」

　　　☆：「よかったわね。犬は大丈夫だった？」

　　　★：「うん，でもちょっと寒そうだった」

質問の訳　「昨夜，何が起こったか」

選択肢の訳　**1**　男の子の犬が逃げた。

　　　2　男の子が新しいペットを買った。

　　　3　男の子が風邪を引いた。

　　　4　男の子の犬が家に戻ってきた。

解　説　男の子の発話について，My dog ran away → on Wednesday と，he came back → last night という2つの情報を整理しながら聞く。質問では last night について尋ねているので4が正解。ran は run の過去形で，run away で「逃げ出す」という意味。

No. 18　解答 **1**

放送文　★：Is that a new CD, Carla?

　　　☆：Yes.　I went to the shopping mall this morning to buy it.

　　　★：I love that band.

☆：Me, too! Let's listen to it.

Question: What did Carla do this morning?

放送文の訳　★：「それは新しい CD なの，カーラ？」

☆：「ええ。今朝それを買いにショッピングモールに行ったの」

★：「ぼくはそのバンドが大好きなんだ」

☆：「私もよ！　一緒に聞きましょう」

質問の訳　「カーラは今朝，何をしたか」

選択肢の訳　**1　彼女は CD を買った。**

2　彼女は大好きなバンドに会った。

3　彼女は友だちに CD をあげた。

4　彼女はバンドの練習に行った。

解　説　最初の Is that a new CD, Carla? から，カーラの CD が話題だとわかる。カーラの I went to the shopping mall this morning to buy it. の it は CD を指していて，今朝したことは shopping mall 「ショッピングモール」へ行って CD を買ったということ。

No. 19　解答　③

放送文　★：Hello?

☆：Hi, James. It's Helen. Are you watching the soccer game on TV?

★：No, I'm finishing my math homework. Why?

☆：It's an exciting game. You should watch it.

Question: What does Helen tell James to do?

放送文の訳　★：「もしもし？」

☆：「もしもし，ジェームズ。ヘレンよ。テレビでサッカーの試合を見てる？」

★：「ううん，数学の宿題を終わらせているところだよ。どうして？」

☆：「わくわくする試合よ。見たほうがいいわ」

質問の訳　「ヘレンはジェームズに何をするように言っているか」

選択肢の訳　1　彼の宿題を終わらせる。　　2　テレビを消す。

3　サッカーの試合を見る。　　4　彼女に数学の教科書を返す。

解　説　ヘレンの Are you watching the soccer game on TV? や You should watch it. から，ヘレンはジェームズにテレビでやってい

るサッカーの試合を見るように言っていることを理解する。
should は「〜したほうがいい」という意味。

No. 20 解答 **2**

放送文　☆：Where did you buy that coat?

　　　　★：At Domingo's.

　　　　☆：I love that place. I got these jeans there, too.

　　　　★：They're nice.

　　　　Question: What are they talking about?

放送文の訳　☆：「そのコートをどこで買ったの？」

　　　　★：「『ドミンゴズ』で」

　　　　☆：「私はその店が大好きよ。私もそこでこのジーンズを買ったの」

　　　　★：「それはすてきだね」

質問の訳　「彼らは何について話しているか」

選択肢の訳　**1** レストラン。　　　　　　**2** 洋服店。

　　　　3 ホテル。　　　　　　　　**4** ファッション雑誌。

解　説　At Domingo's. は男の子が coat「コート」を買った店。女の子の that place と there も Domingo's を指していて，これが話題の中心になっている。正解 **2** の clothes shop「洋服店」は放送文では使われていないが，コートや jeans「ジーンズ」を販売していることから判断する。

| 一次試験・リスニング | 第**3**部 | 問題編 p.81〜82 | 🔊 | ▶MP3 ▶アプリ
▶CD 2 **23**〜**33** |

No. 21 解答 **3**

放送文　Yoko was going to buy Ted a CD for his birthday, but the one he wanted was sold out. She'll go to the bookstore to get a book for him instead.

　　　　Question: What will Yoko get for Ted's birthday?

放送文の訳　「ヨウコはテッドの誕生日に CD を買う予定だったが，彼がほしかった CD は売り切れていた。彼女は代わりに書店へ行って彼に本を買うつもりだ」

| 質問の訳 | 「ヨウコはテッドの誕生日に何を買うか」 |

| 選択肢の訳 | 1　コンサートのチケット。　　2　何枚かの CD。 |
| | 3　本。　　　　　　　　　　4　カード。 |

| 解　説 | She'll go to the bookstore to get a book for him instead. から，3 が正解。instead「代わりに」とは，最初に買おうとしていた CD の代わりにということ。the one he wanted was sold out の one は CD を指し，sold out は「売り切れで」という意味。 |

No. 22 解答 ③

| 放送文 | I often go to Toronto on business.　Last week, I had a meeting in Seattle for the first time.　When I got back to my office in Tokyo, I wrote a report about the trip. |
| | Question: Where did the woman have a meeting last week? |

| 放送文の訳 | 「私は仕事でよくトロントへ行く。先週，初めてシアトルで会議があった。東京のオフィスへ戻ってきたとき，私はその出張について報告書を書いた」 |

| 質問の訳 | 「女性は先週どこで会議があったか」 |

| 選択肢の訳 | 1　ニューヨークで。　　　　2　東京で。 |
| | 3　シアトルで。　　　　　　4　トロントで。 |

| 解　説 | Last week, I had a meeting in Seattle for the first time. に正解が含まれている。for the first time は「初めて」という意味。2 の Tokyo は my office「自分のオフィス」があるところ，4 の Toronto は on business「仕事で」よく行くところで，いずれも不正解。 |

No. 23 解答 ④

| 放送文 | Makiko began working as a teacher three years ago.　She was teaching in Osaka, but six months ago she moved to Nagoya because her husband got a job there.　She now teaches at a school in Nagoya. |
| | Question: When did Makiko move to Nagoya? |

| 放送文の訳 | 「マキコは 3 年前に教師として働き始めた。彼女は大阪で教えていたが，彼女の夫が名古屋で仕事を得たので 6 か月前にそこへ引っ越した。彼女は現在，名古屋の学校で教えている」 |

質問の訳	「マキコはいつ名古屋へ引っ越したか」
選択肢の訳	**1** ３か月前。　**2** ４か月前。　**3** ５か月前。　**4** **6か月前。**
解　説	three years ago → began working as a teacher「教師として働き始めた」, six months ago → moved to Nagoya「名古屋へ引っ越した」, now → teaches at a school in Nagoya「名古屋の学校で教えている」のように，時と行動を結びつけて聞くようにする。

No. 24 解答 ①

放送文	David's dream is to travel around Spain.　He is working part-time to save enough money for his trip.　He works in a bookstore on weekends.　At high school, he studies Spanish hard. Question: Why is David working part-time?
放送文の訳	「デイビッドの夢はスペインを旅行することだ。彼は旅行のための十分なお金を貯めるためにアルバイトをしている。彼は毎週末，書店で働いている。高校では，スペイン語を熱心に勉強している」
質問の訳	「デイビッドはなぜアルバイトをしているか」
選択肢の訳	**1** **彼の旅行のお金を得るため。** **2** 本を買うため。 **3** 彼のスペイン語のレッスンの支払いをするため。 **4** 新しい車を買うため。
解　説	デイビッドが working part-time「アルバイトをしている」理由は，He is working part-time to save enough money for his trip. で説明されている。放送文の save「(お金) を貯める」の代わりに，正解の **1** では get「～を得る」が使われている。

No. 25 解答 ②

放送文	I moved to a new house last week.　I like it because it's near a big park.　My house is far from the station, so I have to ride my bike there. Question: What is the man talking about?
放送文の訳	「ぼくは先週，新しい家に引っ越した。それは大きな公園の近くにあるので気に入っている。ぼくの家は駅から遠いので，そこへは自転車に乗っていかなければならない」

104

| 質問の訳 | 「男性は何について話しているか」 |

| 選択肢の訳 | 1 彼の新しい自転車。 | 2 彼の新しい家。 |
| | 3 公園の近くの駅。 | 4 彼の会社の近くの公園。 |

| 解 説 | 最初の I moved to a new house last week. で話題が示され，これ以降，先週引っ越した新しい家の場所などについて話していることから 2 が正解。far from 〜は「〜から遠い」，ride は「〜に乗っていく」という意味。|

No. 26 解答 ③

| 放送文 | My friend and I usually play tennis for two hours every Sunday. Last Sunday, I was 30 minutes late, so we could only play for one and a half hours.
Question: How long did the woman play tennis last Sunday? |

| 放送文の訳 | 「私の友だちと私は普段，毎週日曜日に 2 時間テニスをする。先週の日曜日，私が 30 分遅刻したので，私たちは 1 時間半しかできなかった」 |

| 質問の訳 | 「女性は先週の日曜日，どれくらいの時間テニスをしたか」 |

| 選択肢の訳 | 1 30 分間。 | 2 1 時間。 |
| | 3 1 時間半。 | 4 2 時間。 |

| 解 説 | 1 文目の usually play tennis for two hours を聞いて 4 を選んでしまわないように注意する。質問では last Sunday のことを尋ねていて，Last Sunday, … so we could only play for one and a half hours. から 3 が正解。so「だから」は，I was 30 minutes late の内容を受けている。one and a half hours は「1 時間半」という意味。|

No. 27 解答 ④

| 放送文 | Jenny got $20 for Christmas from her uncle. She wanted to buy some sunglasses, but they were too expensive. She found some cute socks, so she got them instead.
Question: What did Jenny buy? |

| 放送文の訳 | 「ジェニーはクリスマスにおじから 20 ドルもらった。彼女はサングラスを買いたかったが，値段が高すぎた。彼女はかわいらしい |

105

靴下を見つけたので，代わりにそれを買った」

質問の訳 「ジェニーは何を買ったか」

選択肢の訳
1 クリスマスカード。 2 財布。
3 サングラス。 4 靴下。

解説 She wanted to buy some sunglasses, but … の流れに注意して，sunglasses「サングラス」は買っていないことを理解する。最後の She found some cute socks, so she got them instead. から，ジェニーが代わりに買ったのは socks「靴下」だとわかる。

No. 28 解答 ①

放送文 When my dad was 20, he went to Brazil for one month. He loves telling me stories and showing me photos from his trip. One day, I want to go there, too.
Question: What does the girl want to do in the future?

放送文の訳 「私の父は 20 歳のとき，1 か月間ブラジルへ行った。父は私に旅行の話をしたり写真を見せたりするのが大好きだ。いつか，私もそこへ行ってみたいと思っている」

質問の訳 「女の子は将来何をしたいか」

選択肢の訳
1 ブラジルへ旅行する。
2 彼女の父親に関する話を書く。
3 彼女の父親に写真を見せる。
4 カメラを買う。

解説 女の子は最後に，One day, I want to go there, too. と言っている。one day は「（将来の）いつか」という意味で，there は to Brazil「ブラジルへ」のこと。放送文の go の代わりに，正解の 1 では Travel が使われている。

No. 29 解答 ②

放送文 I usually leave my car keys on the small table beside my bed, but this morning, they weren't there. I found them under the sofa in the living room.

Question: Where did the man find his car keys this morning?

放送文の訳 「ぼくは普段，車のかぎを自分のベッドのそばにある小さなテーブ

ルの上に置いておくが，今朝，かぎがそこになかった。ぼくは居間のソファーの下でかぎを見つけた」

質問の訳 「男性は今朝，どこで車のかぎを見つけたか」

選択肢の訳 1 車の下で。　　　　　2 ソファーの下で。
3 ベッドの上で。　　　4 テーブルの上で。

解説 最後の I found them under the sofa in the living room. から，2 が正解。found は find「～を見つける」の過去形，them は my car keys「ぼくの車のかぎ」のこと。4 の On the table. は普段，車のかぎを置いておく場所。

No. 30 解答 ②

放送文 Now for the weather news. It has been sunny recently, but tomorrow there will be heavy rain until noon. Then, in the afternoon, it will be cloudy.

Question: What will the weather be like tomorrow morning?

放送文の訳 「それでは気象情報です。ここのところ晴れていましたが，明日は正午まで激しい雨になるでしょう。そして午後は，くもりでしょう」

質問の訳 「明日の午前の天気はどうなっているか」

選択肢の訳 1 晴れ。　　2 雨。　　　3 くもり。　　4 雪。

解説 放送文は weather news「気象情報，天気予報」。tomorrow morning「明日の午前」の天気については，but tomorrow there will be heavy rain until noon と言っている。heavy rain は「激しい雨」，until noon は「正午まで」という意味。

全　訳

人気のある食べ物

天ぷらは人気のある日本食だ。新鮮な野菜や海産物が，熱い油で調理される。多くの人々はレストランで天ぷらを食べることを楽しむが，家で天ぷらを作ることが好きな人たちもいる。

質問の訳

No.1 パッセージを見てください。多くの人々はどこで天ぷらを食べることを楽しみますか。

No.2 イラストを見てください。女性は何を見ていますか。

No.3 帽子をかぶった男性を見てください。彼は何をしていますか。

さて，〜さん，カードを裏返しにしてください。

No.4 あなたはどのような種類のペットがほしいですか。

No.5 あなたは買い物に行くことが好きですか。

　　　はい。　→ あなたは何を買うことが好きですか。

　　　いいえ。→ あなたは友だちとどこへ行くことが好きですか。

No.1

解答例 They enjoy eating tempura at restaurants.

解答例の訳 「彼らはレストランで天ぷらを食べることを楽しみます」

解　説 質問は Where「どこで」で始まり，多くの人々が enjoy eating tempura「天ぷらを食べることを楽しむ」場所を尋ねている。3文目に正解が含まれているが，解答する際，①質問の主語と重なる Many people を3人称複数の代名詞 They に置き換える，②文の後半 but some people like to make tempura at home「しかし，家で天ぷらを作ることが好きな人たちもいる」は質問に直接対応した内容ではないので省く，という2点に注意する。

No.2

解答例 She's looking at a menu.

解答例の訳 「彼女はメニューを見ています」

解　説 look at 〜は「〜を見る」という意味で，質問の What is 〜 looking at? は，「〜は何を見ていますか」という現在進行形〈am/

is/are＋動詞の〜ing〉の疑問文。質問に合わせて She's [She is] looking at 〜という現在進行形を使い，この後に女性が見ている a menu「メニュー」を続ける。

No. 3

解答例 He's washing the dishes.

解答例の訳 「彼は皿を洗っています」

解 説 イラスト中の the man with a cap「帽子をかぶった男性」に関する質問。質問の What is 〜 doing? は，「〜は何をしていますか」という現在進行形の疑問文。「皿を洗う」は wash the dishes で，質問に合わせて He's [He is] washing the dishes. という現在進行形で答える。

No. 4

解答例 I want a dog.

解答例の訳 「私は犬がほしいです」

解 説 What kind of 〜は「どのような種類の〜」という意味。自分が飼いたいと思う pet「ペット」の種類を，I want a dog [cat, rabbit].「私は犬[ネコ，うさぎ]がほしいです」の形で答える。

No. 5

解答例 Yes. → What do you like to buy?
　　　　　 — I like to buy T-shirts.
　　　　 No. → Where do you like to go with your friends?
　　　　　 — I like to go to concerts.

解答例の訳 「はい」→ あなたは何を買うことが好きですか。
　　　　　 —「私は T シャツを買うことが好きです」
　　　　 「いいえ」→ あなたは友だちとどこへ行くことが好きですか。
　　　　　 —「私はコンサートへ行くことが好きです」

解 説 最初の質問の Do you like to 〜? は「あなたは〜することが好きですか」という意味で，go shopping「買い物に行く」ことが好きかどうかを Yes(, I do). / No(, I don't). で答える。Yes の場合の 2 番目の質問 What do you like to buy? には，買うことが好きなものを I like to buy 〜 の形で答える。No の場合の 2 番目の質問 Where do you like to go with your friends? には，友だちと行くことが好きな場所を，I like to go to 〜 の形で答え

る。解答例の他に，（Yes の場合）I like to buy books.「私は本を買うことが好きです」，（No の場合）I like to go to fast food restaurants (with my friends).「私は（友だちと）ファーストフード店へ行くことが好きです」のような解答も考えられる。

全　訳

冬の競技

冬季オリンピックは国際的なスポーツの祭典だ。いろいろな国の人たちが金メダルをとろうと懸命に努力する。スノーボードとスケートは見ていてわくわくするので，それらは多くの人たちに楽しまれている。

質問の訳

No.1　パッセージを見てください。スノーボードとスケートはなぜ多くの人たちに楽しまれているのですか。

No.2　イラストを見てください。何人がかばんを運んでいますか。

No.3　男性を見てください。彼は何をしようとしていますか。

さて，〜さん，カードを裏返しにしてください。

No.4　あなたは週末によくどこへ行きますか。

No.5　あなたは泳ぎに行くことが好きですか。

　　　　はい。　→ もっと説明してください。

　　　　いいえ。→ あなたは普段友だちと何をしますか。

No. 1

解答例
Because they are exciting to watch.

解答例の訳
「それらは見ていてわくわくするからです」

解　説
enjoyed は enjoy「〜を楽しむ」の過去分詞で，質問は Why are 〜 enjoyed …「〜はなぜ楽しまれているか」という受動態の疑問文。正解を含む3文目は，〈〜, so …〉「〜（原因・理由），だから…（結果）」の構文。解答する際，①質問の主語と重なる Snowboarding and skating を3人称複数の代名詞 they に置き換える，②文の後半 so they are enjoyed by many people「だから，それらは多くの人たちに楽しまれている」は質問に含まれ

110

ている内容なので省く，という2点に注意する。

No. 2

解答例 Two people are carrying bags.

解答例の訳 「2人がかばんを運んでいます」

解 説 〈How many ＋複数名詞〉は数を問う表現で，ここでは何人が are carrying bags「かばんを運んでいる」か尋ねている。イラストでかばんを運んでいるのは2人だが，単に Two people. と答えるのではなく，質問の現在進行形に合わせて Two people are carrying bags. と答える。

No. 3

解答例 He's going to go skiing.

解答例の訳 「彼はスキーをしに行こうとしています」

be going to ～は「～しようとしている」という意味で，男性がこれからとる行動は吹き出しの中に描かれている。質問に合わせて，He's [He is] going to ～（動詞の原形）の形で答える。「スキーをしに行く」は go skiing と表現する。また，He's [He is] going to ski.「彼はスキーをしようとしています」と答えることもできる。

No. 4

解答例 I go to the library.

解答例の訳 「私は図書館へ行きます」

解 説 質問は Where「どこへ」で始まり，on weekends「週末に」よく行く場所を尋ねている。自分がよく行く場所を I (often) go to ～（場所名）の形で答える。go の後に，質問にはない to をつけることに注意する。

No. 5

解答例 Yes. → Please tell me more.
    — I have a swimming lesson every Saturday.
No. → What do you usually do with your friends?
    — I often go hiking with my friends.

解答例の訳 「はい」→ もっと説明してください。
    —「私は毎週土曜日に水泳のレッスンがあります」
「いいえ」→ あなたは普段友だちと何をしますか。
    —「私は友だちとよくハイキングに行きます」

最初の質問には，go swimming「泳ぎに行く」ことが好きかどうかを Yes(, I do). / No(, I don't). で答える。Yes の場合の2番目の質問 Please tell me more. には，いつ，どこへ，誰と泳ぎに行くかなどを答えればよい。No の場合の2番目の質問 What do you usually do with your friends? には，普段友だちとすることを I で始めて答える。解答例の他に，(Yes の場合) I like to go swimming in the sea.「私は海に泳ぎに行くことが好きです」，(No の場合) I often play video games with my friends.「私はよく友だちとテレビゲームをします」のような解答も考えられる。

2018-2

一次試験
筆記解答・解説　　　p.114〜127

一次試験
リスニング解答・解説　p.127〜143

二次試験
面接解答・解説　　　p.144〜148

解答一覧

一次試験・筆記

1

(1)	3	(6)	4	(11)	2
(2)	4	(7)	2	(12)	2
(3)	3	(8)	4	(13)	1
(4)	1	(9)	1	(14)	3
(5)	3	(10)	3	(15)	4

2

(16)	1	(18)	2	(20)	2
(17)	4	(19)	3		

3 A

(21)	4
(22)	3

3 B

(23)	1
(24)	4
(25)	2

3 C

(26)	1	(28)	1	(30)	3
(27)	2	(29)	1		

4　解答例は本文参照

一次試験・リスニング

第1部

No. 1	2	No. 5	1	No. 9	3
No. 2	1	No. 6	1	No.10	3
No. 3	2	No. 7	3		
No. 4	2	No. 8	2		

第2部

No.11	1	No.15	1	No.19	4
No.12	3	No.16	3	No.20	4
No.13	2	No.17	4		
No.14	2	No.18	3		

第3部

No.21	2	No.25	4	No.29	3
No.22	4	No.26	1	No.30	2
No.23	4	No.27	1		
No.24	1	No.28	3		

(1) 解答 **3**

訳
「スティーブンの父親はとてもおいしいピザを作る。彼^{かれ}はイタリア料理のレストランのシェフだ」

解説
makes very good pizza「とてもおいしいピザを作る」や an Italian restaurant「イタリア料理のレストラン」から，Steven's father の職業^{しょく}は chef「シェフ」。guide「ガイド」，florist「花屋」，hairdresser「美容師^{びようし}」。

(2) 解答 **4**

訳
A「すみません。病院へはどうやって行けますか」
B「3 ブロック進んで，左に曲がってください」

解説
How can I get to 〜（場所）? は，行き方を尋^{たず}ねる表現^{げん}。B は hospital「病院」への行き方を答えているので，three に続くのは block「ブロック，区画^{くかく}」の複数形 blocks。1 は sight「景色」，2 は fact「事実」，3 は model「模型^{もけい}」の複数形。

(3) 解答 **3**

訳
「ブラウンさんは私^{わたし}たちの大学の英語スピーチコンテストの審査員^{しんさいん}の 1 人だ」

解説
one of 〜（複数名詞^し）は「〜のうちの 1 人」。English speech contest「英語スピーチコンテスト」から，judge「審査員^{しんさいん}」の複数形 judges が正解。1 は musician「音楽家」，2 は scientist「科学者」，4 は doctor「医師^し」の複数形。

(4) 解答 **1**

訳
「先週の土曜日，私^{わたし}の家族はすてきなレストランで祖母の 100 回目^{たん}の誕生日を祝った」

解説
my grandmother's 100th birthday「私^{わたし}の祖^そ母の 100 回目（＝100歳^{さい}）の誕生日^{たん}」とつながる動詞^しは，celebrate「〜を祝う」の過去^{かこ}形 celebrated。2 は click「〜をクリックする」，3 は carry「〜

を運ぶ」，4 は complain「不満を言う」の過去形。

(5) 解答 ❸

訳　A「昨日は天気がとても**よかった**ね」
　　B「ええ，空に雲一つなかったわ」

解　説　B の there wasn't a cloud「雲一つなかった」から，fine「（天気が）いい，晴れて」が正解。heavy「重い」，dark「暗い」，rainy「雨降りの」。

(6) 解答 ❹

訳　A「テレビで何を見たい？」
　　B「午後7時にクイズ番組があるの。8**チャンネル**よ。それを見ましょう」

解　説　B は自分が見たいテレビ番組として a quiz show「クイズ番組」のことを話しているので，空所後の eight とつながるのは channel「チャンネル」。place「場所」，area「地域」，side「側」。

(7) 解答 ❷

訳　「このレストランは，本当においしい中華料理**を出す**」

解　説　主語の This restaurant や，空所に入る動詞の目的語になる really good Chinese food とつながるのは serve「（食事など）を出す」。1 は reach「〜に届く」，3 は cover「〜を覆う」，4 は invite「〜を招待する」の3人称単数現在の形。

(8) 解答 ❹

訳　A「ジャッキーは最近少し悲しそうだね」
　　B「彼女のところへ行って彼女**を元気づけて**みましょう」

解　説　ジャッキーが looks a little sad「少し悲しそうに見える」ので，cheer her up「彼女を元気づける，励ます」という流れ。〈cheer up＋（人）〉，または〈cheer＋代名詞＋up〉の語順になる。leave「〜を去る」，let「（人）に〜させる」，please「〜を喜ばす」。

(9) 解答 ❶

訳　A「あなたはどこで**育っ**たの，デイビッド？」

B「サンフランシスコだよ」

解説 空所後の up とのつながりや，B が San Francisco と都市名を答えていることから，grow up「育つ」という表現が適切。lose「〜をなくす」，rise「上がる」，sound「〜に聞こえる」。

(10) 解答 3

訳　A「フレッドは家にいますか，ブラウンさん？」
　　B「いいえ，いないわ。でも，2〜3分で戻るわよ」

解説　he'll be back の後の in a (　) minutes で，フレッドがいつ戻ってくるか説明している。a few 〜（複数名詞）で「2, 3 の〜」という表現。small「小さい」，many「多くの」，large「大きい」。

(11) 解答 2

訳　A「私はピアノを弾くのがあまりじょうずじゃないの，お父さん」
　　B「練習し続けさえすればいいんだよ。すぐに上達するよ」

解説　空所後に practice「練習する」の〜ing 形があることに注意する。keep 〜ing で「〜し続ける」という表現。just have to 〜は「〜しさえすればいい」，get better は「上達する」という意味。give「〜を与える」，help「〜を手伝う」，bring「〜を持ってくる」。

(12) 解答 2

訳　A「ポール，今は雨が激しく降っているから，駅まで車で送っていくわ」
　　B「ありがとう，お母さん」

解説　空所前の give you a に注目する。〈give＋(人)＋a ride〉で「(人)を車で送っていく」という表現。この後に to 〜で具体的な場所が続くことが多い。reason「理由」，rain「雨」，room「部屋」。

(13) 解答 1

訳　「スピーチコンテストに参加したい生徒は，昼休みに体育館へ来なければならない」

解説　空所後の want to enter the speech contest が Students について詳しく説明している。前の名詞を修飾するために使う関係代名詞 who が正解。〈Students who＋動詞〜〉で「〜する生徒」とい

う意味になる。

(14) 解答 3

訳 「サイモンは新しい自転車が必要だ。彼の古い自転車は盗まれた」

解説 2文目の主語は His old bike で，空所前に be 動詞の過去形 was がある。自転車が「盗まれた」という文にするため，受動態〈be 動詞＋過去分詞〉を使う必要がある。steal「～を盗む」の過去分詞 stolen が正解。2の stole は steal の過去形。

(15) 解答 4

訳 A「サム，あなたにスーザンの数学の宿題を手伝ってもらいたいのだけど」
B「いいよ」

解説 I'd は I would の短縮形。〈would like ＋（人）＋ to ～〉で「（人）に～してもらいたい」という表現。to の後には動詞の原形（ここでは help）がくる。〈help ＋（人）＋ with ～〉は「（人）の～を手伝う」という意味。

---

(16) 解答 1

訳 父親「ジミー，どうして窓が割れているんだい？」
息子「ごめんなさい，お父さん。わざとやったんじゃないんだ。ビルとぼくは庭でキャッチボールをしていたんだ」

解説 窓が broken「割れて」いることについて，息子が父親に謝っている状況。最後の Bill and I were playing catch とのつながりから考える。正解1の accident は「（予期しない）偶然の出来事」という意味で使われていて，It was an accident. は「偶然だった，わざとではなかった」ということ。

(17) 解答 4

訳 店員「こんにちは，お客さま。ご用件をお伺いいたしましょうか」

客 「このコートが気に入ったのですが。**試着してもいいですか**」
店員「はい。あちらに鏡がございます」

解説 最後に Salesclerk「店員」が mirror「鏡」のある場所を教えていることから，Customer「客」の発話として適切なのは 4。try ～ on は「～を試着する」という意味で，自分が気に入った coat「コート」を試着していいかどうか尋ねている状況。

(18) 解答 **2**

訳 女の子「このマンガ本は一度も見たことがないわ。どこで手に入れたの？」

男の子「**インターネットで買ったんだ**けど，アシュレーズ書店でも売っているよ」

解説 女の子は Where did you get it? と言って this comic book をどこで手に入れたかを尋ねている。男の子の応答は，I bought it on the Internet「インターネットで買った」けれど，it's sold at ～, too「～でも売っている」という流れにするのが自然。sold は sell「～を売る」の過去分詞。

(19) 解答 **3**

訳 女の子「私はあなたのお姉さんが大好きよ。彼女はとても優しいわ」

男の子「そうだね。ぼくが悲しいとき，**姉はいつもぼくを幸せな気持ちにしてくれるんだ**」

解説 女の子の She's so kind. に対して，男の子は I know. と答えているので，自分の姉が kind「親切な」ことを説明している 3 が正解。〈make ＋（人）＋形容詞〉は「（人）を（形容詞）の状態にする」という意味。

(20) 解答 **2**

訳 女性1「うわー！　これは本当にすてきなアパートね。**どれくらいの期間ここに住んでいるの？**」

女性2「昨年の夏にここへ引っ越してきたのよ」

解説 apartment は「アパート」，moved は move「引っ越しする」の

過去形。女性2は last summer に引っ越してきたと言っているので，How long「どれくらいの期間」を使ってこのアパートに住んでいる期間を尋ねている2が正解。

ポイント インドの病気の子どもたちを救うために資金集めをする教会主催のチャリティーイベントに関する案内。イベントの日時や場所，目的などを中心に読み取ろう。

全訳

ブラウンズビル教会のチャリティーイベントに来て病気の子どもたちを救ってください！

お子さまの服やおもちゃをお探しですか？　これらの品やもっと多くの物がブラウンズビル教会のチャリティーイベントで見つかります！

> **日にち：11月23日 土曜日**
> **時間：午前10時－午後4時**
> **場所：ブラウンズビル・フィールド，ジョンソン通り130番地**
> **（郵便局の裏側）**

雨が降っている場合は，イベントは市役所の中で行われます。

みなさまの支援が必要です。当教会は，このイベントでの売上金すべてをインドの子ども病院へ送ります。

イベントについて詳しく知るには，以下の当教会のウェブサイトをご確認ください：

www.brownsvillechurch.org

語句 charity event「チャリティーイベント，慈善行事」，children ＜child「子ども」の複数形，toy(s)「おもちゃ」，behind「〜の後ろに，裏側に」，held＜hold「〜を行う，開催する」の過去分詞，city hall「市役所」，support「支援」，India「インド」，find out about 〜「〜について知る」，website「ウェブサイト」，below「下の」

18年度第2回　筆記

(21) 解答 **4**

質問の訳 「雨が降っていなければ，イベントが行われるのは」

選択肢の訳
1 市役所の中で。
2 郵便局の前で。
3 ブラウンズビル教会の裏側で。
4 **ブラウンズビル・フィールドで。**

解説 チャリティーイベントがどこで行われるかについては，掲示の Place「場所」の後に Brownsville Field と書かれている。その下の If it rains, the event will be held in the city hall. は雨が降ったときの開催場所なので，1 は不正解。

(22) 解答 **3**

質問の訳 「教会はなぜイベントを行うのか」

選択肢の訳
1 ブラウンズビルに病院を建設するため。
2 ブラウンズビルの子どもたちに服を買うため。
3 **インドの病気の子どもたちのためにお金を集めるため。**
4 インドの市役所におもちゃを送るため。

解説 掲示のタイトル後半の Help Sick Children と，下から 4 行目の We'll send all the money … to a children's hospital in India. から，インドの病気の子どもたちを救うためのイベントだとわかる。正解 3 の collect は「～を集める」という意味。

一次試験・筆記	**3B**	問題編 p.96〜97

ポイント ポールとポールのおじの E メールによるやり取りで，春休みにポールがおじの家に泊まりに行って何をするかが主な話題。時や場所を表す語句に注意して，2 人がいつ，どこで，何をするのかを読み取ろう。

全訳 送信者：ポール・ハリソン
受信者：グレッグ・ハリソン
日付：3 月 16 日
件名：春休み

グレッグおじさんへ，

元気ですか。春休みにボストンのおじさんのところに泊まることを楽しみにしています。母がぼくに，ぼくが乗る列車の時刻に関する情報をおじさんに送るように言いました。今回ぼくは初めて1人で旅をするので，母は少し心配しています。ぼくの列車は金曜日の夕方5時30分にサウス駅に着きます。そこからおじさんのアパートまで歩いて行けます。おじさんが住んでいる場所は覚えています。

おじさんに会うのが待ち遠しいです！

ポール

送信者：グレッグ・ハリソン
受信者：ポール・ハリソン
日付：3月17日
件名：きみの訪問

やあ，ポール，

私もきみに会うのを楽しみにしているよ。金曜日は5時30分まで仕事をしなくちゃいけないので，駅で待っていてね。1階に大きなカフェがあるんだ。5時45分ごろにそこできみに会おう。その後，ボストンで一番古いレストランへ夕食を食べに行こう。私の友人のジェーンが一緒に来る予定なんだ。彼女のことを覚えているかい？　土曜日の午後は観光に連れて行ってあげるよ。それと，土曜日の夜に野球の試合を見に行こう。もうチケットを2枚買ってあるんだ。他に何かしたいことはあるかい？　きみは絵を描くことが好きだったよね。市の美術館へ行くのはどうだい？

それじゃ，

グレッグおじさん

送信者：ポール・ハリソン
受信者：グレッグ・ハリソン
日付：3月17日
件名：いいですね

グレッグおじさんへ，

もちろんジェーンのことを覚えています。とてもいい方です。おじさんの計画はみんなすごくいいと思います。野球の試合を見るのが待ち遠しいです。チケットを買ってくれてありがとう。それと，美術館へぜひ行きたいです。そこはとてもすばらしいと聞きました。日曜日にそこへ行きましょう。おじさんとジェーンに見せる絵も何枚か持って行きます。

それでは金曜日の夕方に，

ポール

語 句

look forward to ～ing「～することを楽しみに待つ」，stay with ～「～のところに泊まる」，train schedule「列車の時刻」，worried「心配して」，alone「1人で」，remember「～を覚えている」，can't wait to ～「～するのが待ち遠しい」，oldest＜old「古い」の最上級，plan to ～「～する計画を立てる」，sightseeing「観光」，else「他に」，would love to ～「ぜひ～したい」，heard＜hear「～を聞く」の過去形

(23) 解答 **1**

質問の訳 「ポールの母親はなぜ心配しているか」

選択肢の訳 **1** ポールはこれまで1人で旅行したことがない。

2 ボストン行きの列車がよく遅れる。

3 ポールのおじのアパートがとても小さい。

4 ポールはこれまで大都市へ行ったことがない。

解 説 最初のEメールの4文目に，She's a little worried because this is my first time to travel alone. とある。She はその前文の主語 My mother のこと。this is my first time to travel alone「これが1人で旅行する初めての機会」が，正解の**1**では has never traveled by himself「1人で旅行したことがない」と表現されている。

(24) 解答 **4**

質問の訳 「ポールは金曜日にどこでおじに会うか」

選択肢の訳 **1** おじの会社で。

2 おじのアパートで。

3 ボストンで一番古いレストランで。

4 列車の駅のカフェで。

解説　2番目のEメールの4文目で，ポールのおじは I'll see you there と書いている。there「そこで」は，その前文の a big café on the first floor「1階にある大きなカフェ」を指している。さらにその前の wait at the train station から，2人は駅の1階にあるカフェで会うことがわかる。

(25) 解答 2

質問の訳　「ポールは日曜日に何をしたいか」

選択肢の訳
1 絵を何枚か描く。　　　　　　**2** 美術館を訪れる。
3 野球の試合を見る。　　　　　**4** ジェーンの家へ行く。

解説　3番目のEメールの8文目で，ポールは Let's go there on Sunday. と書いている。there は，6文目にある the art museum「美術館」を指している。3の Watch a baseball game. は，Saturday night「土曜日の夜」にすること。

一次試験・筆記　3C 問題編 p.98〜99

ポイント　アメリカ先住民の保留地で生まれ，有名なバレリーナになったマリア・トールチーフの生涯に関する4段落構成の英文。彼女の幼少期の生活や，いつ，どのバレエ団で，何をしたかを中心に読み取ろう。

全訳
マリア・トールチーフ

　マリア・トールチーフは有名なバレリーナだった。彼女は1925年にアメリカ先住民の保留地で生まれた。彼女の父親はアメリカ先住民だった。子どもの頃，マリアは音楽を楽しんで，ピアノのレッスンを受けた。姉[妹]と一緒に外で遊ぶことも好きだった。

　マリアが8歳のとき，彼女の家族はカリフォルニア州のロサンゼルスへ引っ越した。彼女の母親は音楽とダンスが大好きだった。母親は，マリアとマリアの兄弟姉妹が映画スターになることを望

んでいた。間もなくして，マリアはバレエのレッスンを受け始めた。毎日，マリアはピアノとバレエを練習した。しかし，彼女が12歳のとき，父親がピアノとバレエのどちらかを選ぶように彼女に言った。マリアはバレエを選んだ。

マリアは新しくできたバレエ学校で，ダンスのレッスンを受け始めた。彼女の先生は，ニジンスカ夫人という名の有名なバレリーナだった。ニジンスカ夫人はロシア出身で，マリアをその後5年間教えた。17歳のとき，マリアはバレエ・リュス・ド・モンテカルロという有名なバレエ団に入るため，ニューヨークへ引っ越した。

バレエ・リュス・ド・モンテカルロでダンサーだったときに，マリアはジョージ・バランシンという名の有名な振付師と出会った。バランシンはマリアの踊りが気に入ったので，自分のバレエ公演でよく彼女に重要な役を与えた。マリアは世界中を旅して，多くの国で踊った。後に，マリアとバランシンは結婚して，バランシンはバレエ・リュス・ド・モンテカルロを去った。彼はニューヨーク・シティ・バレエという自分自身のバレエ団を始めた。すぐにマリアはそのバレエ団に入り，その花形バレリーナになった。その後，彼女はバレエの先生になり，いくつかの有名なバレエ団で仕事をした。

(語 句) outside「外で」，movie star(s)「映画スター」，choose between ～ and …「～と…のどちらかを選ぶ」，chose＜choose「～を選ぶ」の過去形，named「～という名前の」，join「～に入る，参加する」，called「～と呼ばれる」，while「～である[～する]間」，met＜meet「～に会う」の過去形，part(s)「（演劇の役者などの）役，配役」，performance(s)「公演」，later「後に」，get married「結婚する」，own「自分自身の」，became＜become「～になる」の過去形

(26) 解答 1

質問の訳 「マリア・トールチーフが子どもの頃，彼女は」
選択肢の訳 **1** 音楽と外で遊ぶことが好きだった。

2 学校の劇で演じた。

3 有名なピアニストだった。

4 有名な映画スターに会った。

解説 When Maria was a child で始まる第1段落の4文目に，she enjoyed music … とある。また，次の5文目では，She also liked to play outside with her sister. と書かれている。この2つを合わせた **1** が正解。

(27) 解答 ②

質問の訳 「カリフォルニアに引っ越したとき，マリアは何歳だったか」

選択肢の訳 **1** 5歳。　　**2** 8歳。　　**3** 12歳。　　**4** 17歳。

解説 質問の How old は「何歳」という意味。第2段落の1文目に，When Maria was eight, her family moved to Los Angeles, California. と書かれている。moved は move の過去形で，move to 〜で「〜へ引っ越す」。

(28) 解答 ①

質問の訳 「マリアはなぜニューヨークへ行ったか」

選択肢の訳 **1** 彼女は有名なバレエ団に入りたかった。

2 彼女はニジンスカ夫人が好きではなかった。

3 彼女は兄弟姉妹と一緒に暮らしたかった。

4 彼女は父親にそこへ行くように言われた。

解説 第3段落の4文目に，When Maria was 17, she moved to New York とあり，続けてその理由が to join a famous ballet company called … 「〜という有名なバレエ団に入るために」と説明されている。ここでの to 〜（動詞の原形）は，「〜するために」と行動の目的を表す用法。

(29) 解答 ①

質問の訳 「ジョージ・バランシンはマリアのために何をしたか」

選択肢の訳 **1** 彼は自分のバレエ公演で，彼女に重要な役を与えた。

2 彼は彼女を花形バレリーナに紹介した。

3 彼は多くの国から彼女にプレゼントを送った。

125

4 彼は彼女を連れてニューヨーク・シティ・バレエを見に行った。

解説 第4段落の2文目後半に，so he often gave her important parts in his ballet performances とある。gave は give「（人）に～を与える」の過去形。

(30) 解答 **3**

解説 「この話は何についてか」

選択肢の訳
1 ロシアのバレエ団。
2 ニューヨーク出身の人気のあるピアノ教師。
3 有名なアメリカ先住民のバレリーナ。
4 アメリカ合衆国の大きなダンススクール。

解説 タイトルにもある通り，Maria Tallchief の生涯に関する英文。彼女について，第1段落の最初に Maria Tallchief was a famous ballerina. とある。続く2文目に She was born … on a Native American reservation. とあり，これらの内容をまとめている **3** が正解。

一次試験・筆記 **4** 問題編 p.100

質問の訳 「あなたは自然と大都市とでは，どちらのほうが好きですか」

解答例 I like nature better than big cities. I have two reasons. First, I enjoy hiking in the mountains with my friends. Second, I can see birds and other animals in nature.

解答例の訳 「私は大都市より自然のほうが好きです。2つの理由があります。第1に，私は友だちと一緒に山でハイキングをして楽しみます。第2に，自然の中では鳥や他の動物を見ることができます」

解説 QUESTION は Which do you like better「どちらのほうが好きですか」で始まり，nature「自然」と big cities「大都市」のどちらのほうが好きかを尋ねている。1文目で，自分の考えを I like nature [big cities] better (than big cities [nature]). のように書く。この後に，自分が選んだほうが好きな理由を2つあげる。解答例は，（1文目）自分の考え：自然のほうが好き→（2文目）理由が

2つあることの説明→（3文目）1つ目の理由：山でハイキングを楽しむ→（4文目）2つ目の理由：自然の中で鳥や他の動物を見られる，という構成になっている。解答例のように，First「第1に」やSecond「第2に」を使って理由を書くと明確な構成になる。全体で25語〜35語程度の分量になっているかにも注意しよう。

語　句 like 〜 better than … 「…より〜のほうが好き」, reason(s)「理由」, hiking「ハイキング」, mountain(s)「山」, other「他の」

| 一次試験・リスニング | 第**1**部 | 問題編 p.101〜102 |  ▶MP3 ▶アプリ ▶CD 2 **43**〜**53** |

例題　解答 **3**

放送文 ★：I'm hungry, Annie.

☆：Me, too. Let's make something.

★：How about pancakes?

1 On the weekend. **2** For my friends.

3 That's a good idea.

放送文の訳 ★：「おなかがすいたよ，アニー」

☆：「私もよ。何か作りましょう」

★：「パンケーキはどう？」

1 週末に。 **2** 私の友だちに。

3 それはいい考えね。

No.1　解答 **2**

放送文 ★：Can you slow down, Mary?

☆：We'll miss the bus, John. Hurry up.

★：But these bags are heavy.

1 Sure, it starts soon.

2 OK, I'll carry one for you.

3 Well, that's all, thanks.

放送文の訳 ★：「もっとゆっくり行ってくれる，メアリー？」

☆：「バスに乗り遅れちゃうわ，ジョン。急いで」

★：「でも，これらのかばんが重いんだ」

1 いいわ，それはもうすぐ始まるわ。

2 わかったわ，私が代わりに1つ持ってあげるわ。

3 えーと，それだけよ，ありがとう。

解説 ジョンは these bags are heavy と言っているので，「1つ持ってあげる」と言っている **2** が正解。one は a bag の代わりに使われている。slow down は「ペースを落とす」，Hurry up. は「急いで」という意味。

No. 2　解答 **1**

放送文　★：Did you do the English homework?

☆：Yes, I read the story last night.

★：Did you think it was difficult?

　　1 Yes, it was hard.　　　　**2** Yes, I write often.

　　3 Yes, I like English.

放送文の訳　★：「英語の宿題はやった？」

☆：「ええ，昨日の夜に物語を読んだわ」

★：「難しいと思った？」

　　1 ええ，難しかったわ。

　　2 ええ，私はよく書くわ。

　　3 ええ，私は英語が好きよ。

解説　the English homework「英語の宿題」が話題。男の子は女の子に宿題が difficult「難しい」と思ったかどうか尋ねているので，difficult と同じ意味の hard を使って答えている **1** が正解。it は the English homework を指している。

No. 3　解答 **2**

放送文　★：Hi, what time do you close today?

☆：At seven thirty, sir.

★：How about on weekends?

　　1 That sounds good.　　　　**2** At eight o'clock.

　　3 I don't have any time.

放送文の訳　★：「もしもし，今日は何時に閉店しますか」

☆：「7時30分です，お客さま」

★：「週末はどうですか」

1 それはいいですね。

2 8時です。

3 私は時間がありません。

解　説　男性の what time do you close today? は，今日の閉店時間を尋ねる表現。How about ～? は「～はどうですか」という意味で，男性は weekends「週末」の閉店時間を尋ねている。eight o'clock と具体的な時間を答えている **2** が正解。

No.4 解答 ②

放送文　★：I'd like to send this package to Osaka.

☆：OK. Anything else?

★：No, that's all.

　　1 I've been there.　　　　**2** That'll be 800 yen.

　　3 It's over there.

放送文の訳　★：「この荷物を大阪へ送りたいのですが」

☆：「かしこまりました。他にございますか」

★：「いいえ，それだけです」

　　1 私はそこへ行ったことがあります。

　　2 800円になります。

　　3 それはあちらにございます。

解　説　send は「～を送る」，package は「荷物」で，男性が荷物を送ろうとしている場面。男性の No, that's all.「いいえ，それだけです」は，他に用件はないということ。この後に続く発話として適切なのは料金を伝えている **2** で，That'll be ～ は「（合計金額は）～になります」という意味。

No.5 解答 ①

放送文　★：I'll make lunch today.

☆：Great, thanks.

★：What do you want to have?

　　1 Something hot.　　　　**2** I've never eaten it.

　　3 It sounds good.

放送文の訳　★：「今日はぼくが昼食を作るよ」

☆：「助かるわ，ありがとう」

★：「何を食べたい？」

1 何か温かいもの。

2 私はそれを食べたことがないわ。

3 それはいいわね。

解　説 男性は女性に，What do you want to have? と昼食に何を食べたいか尋ねている。具体的な食べ物を答えている選択肢はないが，hot「温かい」ものが食べたいと答えている **1** が正解。something ～（形容詞）は「何か～なもの」という意味。

No. 6　解答 **1**

放送文 ☆：I finished my science homework, Dad.

★：That's good.

☆：Can I watch TV now?

1 If you want to.

2 Because I'm too busy.

3 When I met your teacher.

放送文の訳 ☆：「理科の宿題が終わったわ，お父さん」

★：「それはよかったね」

☆：「今テレビを見てもいい？」

1 もしそうしたいのなら。

2 私は忙しすぎるから。

3 きみの先生に会ったとき。

解　説 Can I ～?「～してもいいですか」は相手に許可を求める表現で，娘はテレビを見てもいいかどうか尋ねている。正解 **1** の If は「もし～なら」という意味。to の後には watch TV now が省略されていて，「もし今テレビを見たいのなら」ということ。

No. 7　解答 **3**

放送文 ☆：Can I help you, sir?

★：Yes.　There's a problem with my room.

☆：Oh.　What's the matter?

1 For three nights.　　　　**2** It's very nice.

3 The light is broken.

放送文の訳 ☆：「ご用件をお伺いいたしましょうか，お客さま」

★：「はい。私の部屋に問題があるんです」

☆：「あら。どうしましたか」

1 3泊です。

2 それはとてもよいです。

3 ライトが壊れています。

解　説 女性の What's the matter?「どうしましたか」は，男性が言った a problem with my room「私の部屋の問題」が何かを尋ねた質問。具体的な問題を答えているのは **3** で，light は「ライト，明かり」，broken は「壊れて」という意味。

No. 8　解答 **2**

放送文　☆：I got you a new math notebook.

★：Thanks, Mom.

☆：Don't forget to write your name on it.

1 No, I finished it at school.

2 OK, I'll do that now.

3 Well, I like science, too.

放送文の訳　☆：「新しい数学のノートを買ってあげたわよ」

★：「ありがとう，お母さん」

☆：「そこに名前を書くのを忘れないでね」

1 ううん，学校でそれを終わらせたよ。

2 わかった，今そうするね。

3 えーと，理科も好きだよ。

解　説　Don't forget to ～は「～するのを忘れないで」という意味で，it（＝a new math notebook）に名前を書き忘れないようにと言っている。これに続く応答は **2** で，do that now は「今そうする（＝新しい数学のノートに名前を書く）」ということ。

No. 9　解答 **3**

放送文　★：I didn't see you at school yesterday afternoon.

☆：I went home after lunch.

★：Why?

1 I'll wait for you.

2 The beef stew was good.

3 I felt sick.

放送文の訳 ★：「昨日の午後は学校できみに会わなかったね」

☆：「昼食後に家に帰ったの」

★：「どうして？」

1 あなたを待っているわ。

2 ビーフシチューはおいしかったわ。

3 気分が悪かったの。

解　説　　男の子の Why? は，女の子の I went home after lunch. を受けて昼食後に帰宅した理由を尋ねた質問。その理由になっているのは **3** で，felt は feel「〜と感じる」の過去形，sick は「気分が悪い」という意味。

No. 10 解答 **3**

放送文 ★：How often do you play basketball?

☆：Almost every day.

★：Do you always play here?

1 No, this ball is new.

2 No, I'll ask the captain.

3 No, I usually play at school.

放送文の訳 ★：「どれくらいの頻度でバスケットボールをするの？」

☆：「ほとんど毎日よ」

★：「いつもここでするの？」

1 ううん，このボールは新しいわ。

2 ううん，キャプテンに聞いてみるわ。

3 ううん，普段は学校でするわ。

解　説　　How often「どれくらいの頻度で」は日ごとや週ごとの回数などを尋ねる表現。Do you always play here? は，いつもここでbasketball「バスケットボール」をするのか尋ねた質問なので，usually play at school「普段は学校でする」と答えている **3** が正解。

No.11 解答 ①

放送文

★：Mom, did you call the dentist for me?

☆：Not yet, Jack.

★：My tooth hurts. I need to see him.

☆：Sorry. I'll call him now.

Question: What does Jack want his mother to do?

放送文の訳

★：「お母さん，歯医者にぼくのことで電話をしてくれた？」

☆：「まだしてないわ，ジャック」

★：「歯が痛いんだ。歯医者に診てもらう必要があるよ」

☆：「ごめんね。今すぐ電話するわ」

質問の訳　「ジャックは母親に何をしてもらいたいか」

選択肢の訳
1 歯医者に電話する。　　　　**2** 映画を見る。
3 家にいる。　　　　　　　　**4** キャンディーを買う。

解説

ジャックの Mom, did you call the dentist for me? や I need to see him., 母親の I'll call him now. などから，ジャックは母親に dentist「歯医者」に電話してもらいたいと思っていることがわかる。tooth は「歯」，hurt(s) は「（身体の一部が）痛む」という意味。

No.12 解答 ③

放送文

☆：Mom is working late tonight, so I'm making dinner.

★：What are you making?

☆：Fried chicken. Can you wash the dishes after dinner?

★：No problem.

Question: What will the boy do tonight?

放送文の訳

☆：「お母さんは今夜遅くまで仕事をしているから，私が夕食を作るわ」

★：「何を作るの？」

☆：「フライドチキンよ。夕食後に皿を洗ってくれる？」

★：「いいよ」

質問の訳　「男の子は今夜，何をするか」

選択肢の訳	1 仕事に行く。	2 夕食を作る。
	3 皿を洗う。	4 レストランで食事する。

解　説	Can you ～ ? は「～してくれますか」と依頼する表現で，女の子は男の子に wash the dishes after dinner「夕食後に皿を洗う」ことを頼んでいる。これに対して男の子は，No problem.「いいよ，もちろん」と答えている。

No. 13 解答 2

放送文	☆：Excuse me, I'd like three tickets.
	★：Adults are $10 each. Children are $5 each.
	☆：One adult and two children, please.
	★：OK. That'll be $20.
	Question: How much is a ticket for one child?

放送文の訳	☆：「すみません，チケットを3枚ほしいのですが」
	★：「大人は1人10ドルです。子どもは1人5ドルです」
	☆：「大人1枚と子ども2枚をお願いします」
	★：「わかりました。20ドルになります」

質問の訳	「子ども1人のチケットはいくらか」

選択肢の訳	1 3ドル。 2 5ドル。 3 10ドル。 4 20ドル。

解　説	女性が tickets「チケット」を買いにきた場面。男性の Children are $5 each. から 2 が正解。each は「それぞれ，1人につき」という意味。3 の $10 は Adults「大人」のチケット1枚の値段，4 の $20 は女性が買うチケット3枚の総額。

No. 14 解答 2

放送文	☆：Dad, my computer isn't working. Can I use yours?
	★：I'm working on a report, Lisa.
	☆：I just want to write an e-mail to Aunt Sarah.
	★：OK, then. But, be quick.
	Question: Whose computer will Lisa use?

放送文の訳	☆：「お父さん，私のコンピューターが動かないの。お父さんのを使ってもいい？」
	★：「レポートに取り組んでいるんだ，リサ」
	☆：「サラおばさんにEメールを書きたいだけなんだけど」

★：「それならいいよ。でも，急いでね」

質問の訳　「リサは誰のコンピューターを使うか」

選択肢の訳　**1**　彼女の（コンピューター）。

2　彼女の父親の（コンピューター）。

3　彼女のおばの（コンピューター）。

4　彼女の友だちの（コンピューター）。

解説　リサの Can I use yours? の yours は，your computer「あなた（＝お父さん）のコンピューター」ということ。父親は最後に OK, then. と言っている。then「それなら」は，リサの I just want to write an e-mail to Aunt Sarah. を受けて「サラおばさんに E メールを書くだけなら」ということ。

No. 15　解答　①

放送文　★：Let's have dinner together after work, Lucy.

☆：Sorry, Frank. I can't.

★：Why not?

☆：I have a cold, so I want to rest at home tonight.

　　Question: Why can't Lucy have dinner with Frank tonight?

放送文の訳　★：「仕事の後，一緒に夕食を食べよう，ルーシー」

☆：「ごめんね，フランク。できないわ」

★：「どうして？」

☆：「風邪をひいているので，今夜は家で休みたいの」

質問の訳　「ルーシーは今夜，なぜフランクと一緒に夕食を食べられないか」

選択肢の訳　**1**　彼女は具合が悪い。

2　彼女はすでに食事をした。

3　彼女は十分なお金がない。

4　彼女は仕事をしなければならない。

解説　フランクの Why not?「どうして（できないの）？」は，Let's have dinner together … という誘いにルーシーが I can't. と答えた理由を尋ねた質問。I have a cold「風邪をひいている」を，正解の **1** では sick「具合が悪い」を使って言い換えている。

No. 16　解答　③

放送文　★：When's your business trip to Australia?

☆ : Next month.　I leave on March 7.

★ : Will you be here for the meeting on March 20?

☆ : Yes.　I'm coming back on the 18th.

　　Question: When will the woman come back from Australia?

放送文の訳　★ :「オーストラリアへの出張はいつなの？」

☆ :「来月よ。3 月 7 日に出発するわ」

★ :「3 月 20 日の会議のときはこちらにいるの？」

☆ :「ええ。18 日に戻って来るわ」

質問の訳　「女性はいつオーストラリアから戻ってくるか」

選択肢の訳　**1** 3 月 7 日に。　　　　　**2** 3 月 12 日に。

3 3 月 18 日に。　　　　　**4** 3 月 20 日に。

解　説　　女性の business trip to Australia「オーストラリアへの出張」が話題。最後の I'm coming back on the 18th. の聞き取りがポイント。1 の March 7 は女性が出発する日，4 の March 20 は meeting「会議」がある日なので，各情報を混同しないように注意する。

No. 17 解答 ④

放送文　★ : Have you ever played badminton, Sally?

☆ : No, but I've watched it on TV.

★ : Do you want to play with me and my cousin this Saturday?

☆ : I'd love to.

　　Question: What will Sally do this Saturday?

放送文の訳　★ :「今までにバドミントンをしたことはある，サリー？」

☆ :「ううん，でもテレビで見たことがあるわ」

★ :「今週の土曜日，ぼくとぼくのいとこと一緒にやらない？」

☆ :「ぜひやりたいわ」

質問の訳　「サリーは今週の土曜日に何をするか」

選択肢の訳　**1** 買い物に行く。　　　　**2** 自分のいとこを訪ねる。

3 テレビを見る。　　　　**4** バドミントンをする。

解　説　　Have you ever played badminton, Sally? から，badminton「バドミントン」が話題であることを理解する。男の子の Do you want to play … の play の後には，badminton が省略されている。この質問にサリーは，I'd love to.「ぜひ（バドミントンを）やりたい」と答えている。

No. 18 解答 ③

放送文　☆：How many people are going to your party tonight?
　　　　★：I invited 15, but only 10 can come.
　　　　☆：Is Tony going?
　　　　★：No, he has to work until nine tonight.
　　　　　　Question: How many people will go to the man's party?

放送文の訳　☆：「今夜のあなたのパーティーには何人行くの？」
　　　　　★：「15人招待したんだけど，10人しか来られないんだ」
　　　　　☆：「トニーは行く？」
　　　　　★：「ううん，彼は今夜9時まで仕事をしなくちゃいけないんだ」

質問の訳　「何人が男性のパーティーに行くか」

選択肢の訳　**1** 6人。　　　　**2** 9人。　　　　**3** 10人。　　　　**4** 15人。

解　説　I invited 15, but only 10 can come. を確実に理解する。invited「招待した」のは15人だが，only 10「10人だけ」がパーティーに来られるということ。until nine は「9時まで」という意味で，トニーの今夜の仕事が終わる時間。

No. 19 解答 ④

放送文　★：What club are you going to join?
　　　　☆：The science club.
　　　　★：I didn't know there was a science club.
　　　　☆：It's new. Mr. Taylor decided to start one.
　　　　　　Question: What are they talking about?

放送文の訳　★：「何のクラブに入るつもりなの？」
　　　　　☆：「理科クラブよ」
　　　　　★：「理科クラブがあることは知らなかった」
　　　　　☆：「新しいのよ。テイラー先生が始めることにしたの」

質問の訳　「彼らは何について話しているか」

選択肢の訳　**1** 理科室。　　　　　　　**2** 彼らの新しい先生。
　　　　　　3 理科のテスト。　　　　**4** 新しいクラブ。

解　説 男の子の What club are you going to join? という質問に，女の子は The science club. と答えている。さらに，このクラブについて It's new. と言っているので，4 が正解。decided は decide の過去形で，decide to 〜で「〜することを決める」。

No. 20 解答 ④

放送文 ☆：How often do you have cooking lessons?

★：Three times a month.

☆：Are they very long?

★：They start at five thirty and end at seven.

Question: What time do the man's cooking lessons finish?

放送文の訳 ☆：「どれくらいの頻度で料理のレッスンを受けているの？」

★：「月に3回」

☆：「時間はとても長いの？」

★：「5時30分に始まって，7時に終わるよ」

質問の訳 「男性の料理のレッスンは何時に終わるか」

選択肢の訳 1　3時に。　　　　　　　　　2　5時に。

3　5時30分に。　　　　　　4　7時に。

解　説 男性が受けている cooking lessons「料理のレッスン」が話題。最後に男性は，They start at five thirty and end at seven. と言っている。end は「終わる」という意味で，4 が正解。3 の 5:30 は料理のレッスンが始まる時間。

一次試験・リスニング　第3部　問題編 p.105〜106　　🔊　▶MP3 ▶アプリ ▶CD 2 [65]〜[75]

No. 21 解答 ②

放送文 Ladies and gentlemen, we will arrive at Stanley Airport in ten minutes. Please fasten your seat belts and put your bags under the seat in front of you. Thank you for choosing Sun Airlines.

Question: Where is the woman talking?

放送文の訳 「みなさま，当機は10分後にスタンレー空港に到着いたします。

138

シートベルトを締め，かばんを前方の座席の下に置いてください。
サン航空をお選びいただき，ありがとうございます」

「女性はどこで話しているか」

選択肢の訳　**1** バスで。　　**2** 飛行機で。　　**3** 電車で。　　**4** ボートで。

解　説　arrive at Stanley Airport「スタンレー空港に到着する」，fasten
your seat belts「シートベルトを締める」，put your bags under
the seat in front of you「かばんを前方の座席の下に置く」など
の表現から，機内放送であることがわかる。

No. 22 解答 ④

放送文　Last summer, Kumiko went to New York to visit her uncle.
They went to many places together. On the last day, they
went shopping, and she bought a present for her parents.
Question: Who did Kumiko buy a present for?

放送文の訳　「昨年の夏，クミコはおじを訪ねてニューヨークへ行った。彼らは
一緒にたくさんの場所へ行った。最後の日に，彼らは買い物に行っ
て，クミコは両親にプレゼントを買った」

質問の訳　「クミコは誰にプレゼントを買ったか」

選択肢の訳　**1** 彼女の大好きな先生。　　**2** 彼女の学校の友だち。
3 彼女のおじ。　　　　　　　**4** 彼女の両親。

解　説　最後の文の後半 … and she bought a present for her parents
に正解が含まれている。bought は buy「～を買う」の過去形で，
〈buy＋（物）＋for …（人）〉で「（人）に（物）を買う」という意
味。parents は「両親」。

No. 23 解答 ④

放送文　Next week, students from France will visit my school. My
class will show them around the school. I'm excited about
meeting them. I also want to practice speaking French.
Question: What is the girl looking forward to?

放送文の訳　「来週，フランスから学生が私の学校にやって来る。私のクラスは
彼らに学校を案内する。私は彼らに会うことにわくわくしている。
フランス語を話す練習もしたいと思っている」

質問の訳　「女の子は何を楽しみにしているか」

　1　フランスを訪(おとず)れること。

　2　彼女(かの)のフランス語の先生と話すこと。

　3　フランスから手紙をもらうこと。

　4　何人かのフランスの学生に会うこと。

解　説　1文目にある students from France が話題。質問の is … looking forward to「～を楽しみにしている」は放送文では使われていない表現だが，3文目の I'm excited about meeting them. から判断(はんだん)する。be excited about ～ing は「～することにわくわくする」という意味。

No.24 解答 ①

放送文　I'm in my school's soccer club.　I woke up at five today because we had practice.　We practiced for one hour.　In the evening, we practiced for two hours.

Question: How long did the boy practice soccer this morning?

放送文の訳　「ぼくは学校のサッカークラブに入っている。今日は練習があったので，5時に起きた。ぼくたちは1時間練習した。夕方には，2時間練習した」

質問の訳　「男の子は今朝，どれくらいの時間サッカーの練習をしたか」

選択肢の訳　1　1時間。　　2　2時間。　　3　4時間。　　4　5時間。

解　説　I woke up at five today → We practiced for one hour. という流れから，質問にある this morning「今朝」の練習時間は for one hour「1時間」だとわかる。2の For two hours. は，In the evening「夕方」の練習時間。woke は wake の過去形(か)で，wake up で「目が覚める，起きる」。

No.25 解答 ④

放送文　Charlie went to the supermarket early on Sunday morning, but it wasn't open yet.　A sign said that it opens at ten on Sundays.　Charlie decided to go again after lunch.

Question: What was Charlie's problem?

放送文の訳　「チャーリーは日曜日の朝早くにスーパーマーケットへ行ったが，まだ開いていなかった。掲示(けいじ)には，日曜日は10時に開店すると書

いてあった。チャーリーは昼食後にまた行くことにした」

質問の訳 「チャーリーの問題は何だったか」

選択肢の訳
1 彼は昼食を食べなかった。
2 彼は遅く起きた。
3 スーパーマーケットの場所が変わった。
4 スーパーマーケットが閉まっていた。

解 説 Charlie went to the supermarket …, but it wasn't open yet. の聞き取りがポイント。wasn't open yet「まだ開いていなかった」が，正解の **4** では was closed 「閉まっていた」という表現になっている。

No. 26 解答 ①

放送文 When Donna got off the train this morning, she fell down and hurt her leg. She could only walk very slowly from the station to her office, so she was 20 minutes late.
Question: Why was Donna late for work?

放送文の訳 「ドナが今朝電車を降りたとき，彼女は転んで脚をけがした。駅から会社までとてもゆっくりとしか歩けなかったので，彼女は20分遅刻した」

質問の訳 「ドナはなぜ仕事に遅刻したか」

選択肢の訳
1 彼女は脚をけがした。   **2** 彼女の乗る電車が遅れた。
3 彼女は電車に乗り遅れた。   **4** 駅が混雑していた。

解 説 最後の she was 20 minutes late「彼女は20分遅刻した」の原因は，1文目後半で she fell down and hurt her leg と説明されている。fell は fall の過去形で，fall down で「倒れる，転ぶ」。hurt は「けがをした」という意味で，現在形と過去形が同じ形。

No. 27 解答 ①

放送文 My dad is very good at art. He paints pictures for two or three hours almost every day. One of his paintings is in the city art museum.
Question: What does the girl say about her father?

放送文の訳 「私の父は絵がとてもじょうずだ。父はほとんど毎日，2〜3時間絵を描く。父が描いた絵の1枚が，市の美術館にある」

141

「女の子は父親について何と言っているか」

1 彼はすぐれた画家である。

2 彼は美術館で働いている。

3 彼は毎日美術を教えている。

4 彼はたくさんの絵を買う。

解 説 最初の My dad is very good at art. がヒントになる。be good at ～は「～がじょうず［得意］だ」という意味。正解の **1** では，放送文にはない a good artist「すぐれた画家」という表現が使われている。

No. 28 解答 ③

放送文 I went to Sapporo last week to run in a marathon. It was snowy when I arrived on Thursday, and on Friday it rained. The race was on Saturday, and luckily it was sunny that day.

Question: How was the weather during the marathon?

放送文の訳 「ぼくは先週，マラソンを走るために札幌へ行った。木曜日に着いたときには雪で，金曜日は雨だった。レースは土曜日で，運よくその日は晴れていた」

質問の訳 「マラソンのあいだの天気はどうだったか」

選択肢の訳 **1** 雨。 **2** 雪。 **3** 晴れ。 **4** 嵐。

解 説 最後の The race was on Saturday, and luckily it was sunny that day. から判断する。luckily は「運よく」，that day はマラソンのレースが行われた土曜日のこと。**1** の Rainy. は on Friday の天気，**2** の Snowy. は on Thursday の天気。

No. 29 解答 ③

放送文 I wanted a pet for my birthday. My mother said our apartment is too small for a cat or a dog, so she got me a mouse. I was surprised, but I really love it.

Question: What did the girl get for her birthday?

放送文の訳 「私は誕生日にペットがほしかった。私の母が，私たちのアパートはネコや犬を飼うには小さすぎると言ったので，母は私にネズミを買ってくれた。私は驚いたが，それがとても気に入っている」

質問の訳	「女の子は誕生日に何をもらったか」
選択肢の訳	**1** ネコ。　　**2** 犬。　　**3** ネズミ。　　**4** ウサギ。
解　説	2文目の後半に she got me a mouse とあるので，**3** が正解。〈get＋（人）＋（物）〉で「（人）に（物）を買う」という意味。too ～は「あまりに～，～すぎる」で，our apartment is too small for a cat or a dog とあるので，**1** や **2** は不正解。

No.30 解答 ②

放送文	My son was crying a lot this morning. He finally stopped when I sang his favorite song. I was able to arrive at work on time, but I didn't have time to eat breakfast. Question: What did the man do this morning?
放送文の訳	「私の息子が今朝，大泣きしていた。私が息子の大好きな歌を歌ったとき，息子はようやく泣きやんだ。私は仕事に時間通りに着くことができたが，朝食を食べる時間がなかった」
質問の訳	「男性は今朝，何をしたか」
選択肢の訳	**1** 彼は自分の大好きなバンドの演奏を聞いた。 **2** 彼は息子に歌を歌った。 **3** 彼は息子を学校へ連れて行った。 **4** 彼は朝食を作った。
解　説	2文目の He finally stopped when I sang his favorite song. で，男性がしたことが説明されている。He は My son を指していて，stopped「やめた」は stopped crying「泣きやんだ」ということ。sang は sing「～を歌う」の過去形。

全 訳

コーヒーショップ

日本のいたるところにコーヒーショップがある。コーヒーショップはたくさんの種類のケーキや飲み物を売っているので，友だちと一緒にくつろぐのによい場所だ。そこで本を読むことが好きな人たちもいる。

質問の訳

No.1 パッセージを見てください。なぜコーヒーショップは友だちと一緒にくつろぐのによい場所なのですか。

No.2 イラストを見てください。雑誌はどこにありますか。

No.3 長い髪の女性を見てください。彼女は何をしようとしていますか。

さて，〜さん，カードを裏返しにしてください。

No.4 あなたは次の休日にどこへ行ってみたいですか。

No.5 あなたは今までに水族館へ行ったことがありますか。

　はい。　→ もっと説明してください。

　いいえ。→ あなたは夕方に何をすることが好きですか。

No. 1

解答例

Because they sell many kinds of cakes and drinks.

解答例の訳

「たくさんの種類のケーキや飲み物を売っているからです」

解 説

coffee shops は「コーヒーショップ，喫茶店」，relax は「くつろぐ，リラックスする」という意味。2文目に正解が含まれているが，解答する際は，①質問の主語と重なる Coffee shops を3人称複数の代名詞 they に置き換える，②文の後半 so they are good places to relax with friends「だから，それらは友だちと一緒にくつろぐのによい場所だ」は質問と重なる内容なので省く，という2点に注意する。

No. 2

解答例

It's on a table.

解答例の訳

「テーブルの上にあります」

解 説

質問は Where「どこに」で始まり，magazine「雑誌」のある場所を尋ねている。解答する際は，質問の主語 the magazine を3

144

人称単数の代名詞 It で置き換える。動詞は質問と同じ is を使って，It's [It is] とする。雑誌はテーブルの上にあるので，It's の後に on a table を続ける。on は「〜の上に」を意味する前置詞。

No. 3

解答例
She's going to eat a sandwich.

解答例の訳
「彼女はサンドイッチを食べようとしています」

解 説
イラスト中の the woman with long hair「長い髪の女性」に関する質問。be going to 〜は「〜しようとしている」という意味で，女性がこれからとる行動は吹き出しの中に描かれている。質問に合わせて，She's [She is] going to 〜（動詞の原形）の形で答える。「サンドイッチを食べる」は eat a sandwich と表現する。

No. 4

解答例
I'd like to go to Kumamoto.

解答例の訳
「熊本に行ってみたいです」

解 説
質問の Where は「どこへ」，would … like to 〜は「〜してみたい」という意味。your next holiday「次の休日」に行ってみたい場所を，質問に合わせて I'd like to go to 〜（場所）の形で答える。go の後に，質問にはない to を入れることに注意する。

No. 5

解答例
Yes. → Please tell me more.
— I went to the aquarium in Shinagawa.
No. → What do you like to do in the evenings?
— I like to watch TV.

解答例の訳
「はい」 → もっと説明してください。
— 「私は品川の水族館へ行きました」
「いいえ」 → あなたは夕方に何をすることが好きですか。
— 「私はテレビを見ることが好きです」

解 説
最初の質問の Have you ever been to 〜? は「今までに〜へ行ったことがありますか」という意味で，aquarium「水族館」へ行ったことがあるかどうかを Yes(, I have). / No(, I haven't). で答える。Yes の場合の2番目の質問 Please tell me more. には，いつ，誰と，どの水族館へ行ったかなどを答えればよい。No の場合の2番目の質問 What do you like to do in the evenings? には，

evenings「夕方」に何をするのが好きかを I like to ～（動詞の原形）の形で答える。解答例の他に，（Yes の場合）I like to see many kinds of fish.「私はたくさんの種類の魚を見ることが好きです」，（No の場合）I like to play video games.「私はテレビゲームをすることが好きです」のような解答も考えられる。

| 二次試験・面接 | 問題カード **B** 日程 | 問題編 p.110～111 | 🔊 | ▶MP3 ▶アプリ ▶CD 2 **81**～**84** |

全 訳

釣り

日本にはたくさんの川と湖がある。週末に，多くの人が釣りをするためにこれらの場所へ行く。釣り旅行に出かける時間がない人たちもいて，そういった人たちは地元の釣り堀へ行く。

質問の訳

No.1 パッセージを見てください。なぜ地元の釣り堀へ行く人たちがいるのですか。

No.2 イラストを見てください。何人の男性が釣りをしていますか。

No.3 女の子を見てください。彼女は何をしていますか。

さて，～さん，カードを裏返しにしてください。

No.4 あなたは昨夜，何をしましたか。

No.5 あなたはスノーボードをしに行ったことがありますか。

はい。　→ もっと説明してください。

いいえ。→ あなたは次の休暇に何をしたいですか。

No.1

解答例　Because they don't have time to go on fishing trips.

解答例の訳　「彼らは釣り旅行に出かける時間がないからです」

解 説　local は「地元の」，fishing pond(s) は「釣りをする池」，つまり「釣り堀」のこと。3文目に正解が含まれているが，解答する際は，①質問の主語と重なる Some people を3人称複数の代名詞 they に置き換える，②文の後半 so they go to local fishing ponds「だから，彼らは地元の釣り堀へ行く」は質問と重なる内容なので省く，という2点に注意する。

No. 2

解答例　Three men are fishing.

解答例の訳　「3人の男性が釣りをしています」

解　説　How many ～(複数名詞)? は数を尋ねる表現。fish は「釣りをする」という意味の動詞で，質問では are fishing という現在進行形〈am/is/are＋動詞の～ing〉になっている。イラストでは3人の男性が釣りをしているが，単に Three (men). と答えるのではなく，質問の現在進行形に合わせて，Three men are fishing. という文にする。

No. 3

解答例　She's listening to music.

解答例の訳　「彼女は音楽を聞いています」

解　説　イラスト中の女の子に関する質問。質問の What is ～ doing? は，「～は何をしていますか」という現在進行形の疑問文。「音楽を聞く」は listen to music で，質問に合わせて She's [She is] listening to music. という現在進行形で答える。

No. 4

解答例　I studied with my friend.

解答例の訳　「私は友だちといっしょに勉強しました」

解　説　質問は What「何を」で始まり，last night「昨夜」に何をしたか尋ねている。自分がしたことを，主語 I から始めて答える。その際，昨夜のことを説明するので，動詞は過去形を使うことに注意する。

No. 5

解答例
Yes. → Please tell me more.
　　— I went snowboarding in Hokkaido last year.
No. → What would you like to do on your next vacation?
　　— I want to practice baseball.

解答例の訳
「はい」 → もっと説明してください。
　　—「私は昨年，北海道へスノーボードをしに行きました」
「いいえ」 → あなたは次の休暇に何をしたいですか。
　　—「私は野球を練習したいです」

解　説　最初の質問のHave you ever been snowboarding? はスノーボー

ドをした経験の有無を問う質問で，Yes(, I have). / No(, I haven't). で答える。Yes の場合の 2 番目の質問 Please tell me more. には，いつ，誰と，どこでスノーボードをしたかなどを答えればよい。No の場合の 2 番目の質問 What would you like to do on your next vacation? には，next vacation「次の休暇」にしたいことを I'd like to ~ や I want to ~ の形で答える。解答例の他に，（Yes の場合）My family and I go snowboarding every winter.「私は家族と毎年冬に，スノーボードをしに行きます」，（No の場合）I'd like to go to see a movie.「私は映画を見に行きたいです」のような解答も考えられる。

2018-1

一次試験
筆記解答・解説　　p.150〜163

一次試験
リスニング解答・解説　p.163〜179

二次試験
面接解答・解説　　p.180〜184

解 答 一 覧

一次試験・筆記

1

(1)	2	(6)	1	(11)	2
(2)	3	(7)	4	(12)	3
(3)	2	(8)	4	(13)	4
(4)	1	(9)	1	(14)	1
(5)	4	(10)	4	(15)	4

2

(16)	1	(18)	3	(20)	1
(17)	4	(19)	2		

3 A

		3 B			
(21)	1			(23)	1
(22)	3			(24)	1
				(25)	4

3 C

(26)	1	(28)	2	(30)	3
(27)	4	(29)	1		

4 解答例は本文参照

一次試験・リスニング

第1部

No. 1	2	No. 5	2	No. 9	3
No. 2	3	No. 6	2	No.10	1
No. 3	3	No. 7	2		
No. 4	1	No. 8	1		

第2部

No.11	2	No.15	4	No.19	4
No.12	1	No.16	3	No.20	1
No.13	3	No.17	2		
No.14	4	No.18	4		

第3部

No.21	1	No.25	1	No.29	4
No.22	2	No.26	3	No.30	4
No.23	4	No.27	1		
No.24	2	No.28	3		

(1) 解答 **2**

訳　A「通りを渡る前に，いつも左右を見て車を確認するんだよ」
　　　　B「うん，お父さん」

解説　空所に入る動詞の目的語になる the street「通り」とのつながりから，cross「〜を渡る」が正解。check for cars は「車（が来ないかどうか）を確認する」。break「〜を壊す」，put「〜を置く」，lend「〜を貸す」。

(2) 解答 **3**

訳　「私がそのレストランに行ったとき，閉まっていた。ドアの掲示には，明日また営業すると書いてあった」

解説　空所の後の on the door「（レストランの）ドアの」とつながるのは，sign「掲示」。said は say の過去形で，ここでは「（掲示に）〜と書いてあった」という意味。couple「夫婦」，hill「丘」，goal「目標」。

(3) 解答 **2**

訳　A「トニーのスキー事故について聞いた？」
　　　　B「ええ。彼は脚を骨折しているわ」

解説　空所の前の skiing「スキー」との関係や，has a broken leg「脚を骨折している」という内容から，accident「事故」を選ぶ。type「型，タイプ」，environment「環境」，horizon「地平線」。

(4) 解答 **1**

訳　A「先週の土曜日，ぼくのいとこたちが訪ねてきたんだ。ぼくたちは豪勢な夕食を食べて，お互いに話して楽しんだよ」
　　　　B「それは楽しそうね」

解説　空所の後の like に注目して，sounds like 〜「〜のように聞こえる」とする。ここでの sound(s) は動詞として使われている。2，3，4 は cry「泣く」，feel「感じる」，plan「計画する」の3人称

単数現在の形。

(5)　解答 4

訳　「新しい空港が開港した後，美しい海辺と温暖な天気を楽しむために，より多くの観光客が島を訪れ始めた」

解説　started to visit the island「島を訪れ始めた」の主語が more (　　)「より多くの〜」なので，tourist「観光客」の複数形 tourists が正解。assistant(s)「助手」，scientist(s)「科学者」，winner(s)「勝者」。

(6)　解答 1

訳　「トムは本が好きだ。彼のお気に入りの本のタイトルは『ロビンソン・クルーソー』だ」

解説　of his favorite book「彼のお気に入りの本の」が空所に入る語を説明しているので，このつながりを考えて title「タイトル，題名」を選ぶ。prize「賞」，middle「中央」，hole「穴」。

(7)　解答 4

訳　A「私は野球についてあまり知らないの。私にルールを説明してくれる？」
B「いいよ。簡単だよ」

解説　空所に入る動詞の目的語が the rules「その（＝野球の）ルール」なので，explain「〜を説明する」を選ぶ。〈explain 〜 to＋（人）〉で「（人）に〜を説明する」という意味。sell「〜を売る」，save「〜を救う」，happen「起こる」。

(8)　解答 4

訳　「今日は初めての英語の授業があった。私たちの先生であるブラウン先生は自己紹介をして，自分の趣味について私たちに話した」

解説　空所の後に himself「彼自身を」があるので，introduce「〜を紹介する」の過去形 introduced を入れる。introduce *oneself* で「自己紹介をする」。believed は believe「〜を信じる」，asked は ask「〜を尋ねる」，clicked は click「〜をクリックする」の過去形。

(9) 解答 ❶

訳 「私は誕生日にこの T シャツをもらった。最初は，その色があまり好きではなかったけれど，今では私のお気に入りだ。私はいつもそれを着ている」

解説 2 文目後半の but now「でも今では」との対比で，文頭は At first「最初は」が適切。favorite は「お気に入り，大好きなもの」，all the time は「いつも」という意味。front「正面」，once「一度」，then「そのとき」。

(10) 解答 ❹

訳 A 「このジャケットは私にはちょっと大きいです。もっと小さいのを試着してもいいですか」

B 「かしこまりました，お客さま。こちらはいかがでしょうか」

解説 空所の後に on があるので，try on ～「～を試着する」という表現にする。2 回出てくる one は，いずれも jacket「ジャケット」の代わりに使われている。hit「～を打つ」，make「～を作る」，enter「～に入る」。

(11) 解答 ❷

訳 A 「ボブ，手伝ってくれる？ この机を動かさなくちゃいけないの」

B 「わかった」

解説 空所の前の give me a とつながるのは hand で，give ～ a hand で「～に手を貸す，～を手伝う」という意味。could you ～? は「～していただけませんか」という依頼表現。face「顔」，finger「指」，head「頭」。

(12) 解答 ❸

訳 A 「きみのお兄さん[弟さん]に何を買ったの，ナンシー？」

B 「彼にジョギングシューズを 1 足買ったわ」

解説 空所の後の of と，文末の jogging shoes「ジョギングシューズ」に注目する。靴は，a pair of ～「1 足の～」，two pairs of ～「2 足の～」のように数える。piece「一切れ」，space「空間」，time

「時間」。

(13) 解答 4

訳 A「バイオリンのレッスンはいつ始まるの，ナンシー？」
B「5時よ，お父さん」

解説 A は When「いつ」から始まる疑問文。この文の主語は your violin lesson「きみのバイオリンのレッスン」という3人称単数，動詞は一般動詞の start「始まる」なので，does を使って疑問文を作る。

(14) 解答 1

訳 「ぼくの弟は，ぼくのお気に入りの CD をまたなくした。彼は本当にぼくを怒らせる」

解説 〈make＋目的語＋補語（ここでは形容詞）〉「（目的語）を（補語）の状態にする」の構文で，目的語には I の目的格 me が入る。He really makes me angry. は「彼は本当にぼくを怒らせる」，つまり「ぼくは本当に彼に怒っている」ということ。my「私の」，we「私たちは」，our「私たちの」。

(15) 解答 4

訳 A「ジェーン，メアリーがどうして今日早く家に帰ったのか知ってる？」
B「ええ。彼女は具合が悪いの」

解説 do you know「知っていますか」と Mary went home early today「メアリーが今日早く家に帰った」をつなぐことができるのは why「どうして」で，B の She is sick. がメアリーが早く帰った理由。whose「誰の」，which「どちらの」，where「どこへ」。

一次試験・筆記 **2** 問題編 p.116

(16) 解答 1

訳 男性「これから昼食に行ってくるね」

女性「私もよ。私はサンドイッチを買ってくるわ。**あなたは？**」
男性「ぼくはめん類が食べたいな」

女性が I'm going to get a sandwich. と昼食に sandwich「サンドイッチ」を買うと伝えると，男性は feel like 〜ing「〜したい」を使って noodles「めん類」を食べたいと答えていることから，女性の質問として適切なのは **1** の What about you?「あなたは（何を食べるの）？」。

(17) 解答 **4**

女の子1「あなたのお姉さん[妹さん]は明日，海辺に来られる？」
女の子2「**今夜聞いてみるね。**姉[妹]が来られるなら，たぶん私たちを車で連れて行ってくれるわ」

女の子2は空所の後で，If she can come「もし姉[妹]が来られるなら」や maybe「たぶん」を使っている。これらから，女の子2は姉[妹]が来るかどうかまだわからないと考えられるので，**4** の I'll ask her tonight.「今夜（姉[妹]に）聞いてみる」が適切。

(18) 解答 **3**

男の子「理科の研究課題の進み具合はどう？」
女の子「**私はまだ始めてないの。**今週末にするつもりよ」

How's 〜 going? は「〜の進み具合はどうですか」，project は「研究課題」という意味。女の子は this weekend「今週末」にすると答えているので，I haven't started yet.「まだ始めていない」という **3** が正解。〈haven't＋過去分詞＋yet〉は「まだ〜していない」。

(19) 解答 **2**

夫「すぐに出発しないと。**準備はできた？**」
妻「ほとんど。ちょうどかばんを探しているところよ」
夫「ここだよ，台所のテーブルのそばにあるよ」

夫の We should leave soon.「すぐに出発しないといけない」から，2人が出かけようとしている状況だとわかる。妻の Almost. に対応する質問は **2** の Are you ready?「準備[用意]はできた？」

で，Almost. は「ほとんど（準備はできている）」ということ。

(20) 解答 ①

| 訳 |

男の子1「普段は毎週水曜日にテニスの練習があるの？」
男の子2「ううん，でも今週はあるよ。土曜日の大きな試合に向
けてしっかり練習する必要があるんだ」

| 解説 |

男の子1は usually have tennis practice on Wednesdays「普段
は毎週水曜日にテニスの練習がある」かどうかを尋ねている。男
の子2の No, but …「ううん，でも～」に続くのは1の I do
this week. で，「（普段は水曜日に練習はないけれど）今週はある」
ということ。

| 一次試験・筆記 | **3A** | 問題編 p.118～119 |

| ポイント |

学校が主催するサマーキャンプに関する生徒向けの案内。いつ，
どこで，何をするかに加えて，サマーキャンプに参加する生徒が
事前に何をしなければならないかを理解しよう。

| 全訳 |

サマーキャンプ

日にち：6月23日から6月25日

費用：250ドル（6月10日に支払ってください）

この6月，7年生はサイダー湖へキャンプに行くことができます。
湖で泳いだり，ハイキングに行ったり，さらに他のこともできま
す！　最後の夜にはバーベキューをします。寒くなるので，暖か
い服を持ってきてください。

バスは6月23日の午前9時に出発します。正午前にキャンプ場
に到着して，そこで食事をします。昼食を持ってくる必要はあり
ません。

参加を希望する場合は，6月2日までに職員室で申し込んでくだ
さい。6月10日の午後4時に，図書館での打ち合わせにも来なけ
ればなりません。

| 語句 |

camp「キャンプ（場）」，pay「支払う」，seventh-grade「7年

生の」, go camping「キャンプに行く」, barbecue「バーベキュー」, clothes「服」, don't have to 〜「〜する必要はない」, sign up「申し込む, 登録する」, teachers' room「職員室」

(21) 解答 **1**

| 質問の訳 | 「生徒たちはキャンプに何を持っていく必要があるか」

| 選択肢の訳 | **1** 暖かい服。　　　　　　**2** 初日の昼食。
3 お金。　　　　　　　　　**4** バーベキュー用の食べ物。

| 解　説 | 質問の take は「〜を持っていく」という意味。掲示の第1段落4文目に, It'll be cold, so bring warm clothes. と書かれているので1が正解。2のLunchについては, 第2段落3文目に You don't have to bring lunch. とあるので不正解。

(22) 解答 **3**

| 質問の訳 | 「キャンプに行く生徒たちがしなければならないのは」

| 選択肢の訳 | **1** じょうずに泳ぐことができる。
2 6月2日より前に 250 ドル払う。
3 6月10日の打ち合わせに行く。
4 6月23日に職員室へ行く。

| 解　説 | 質問の must は「〜しなければならない」という意味。キャンプに参加する生徒がしなければならないことは第3段落に書かれていて, sign up in the teachers' room by June 2「6月2日までに職員室で申し込む」と, come to the meeting in the library at 4 p.m. on June 10「6月10日の午後4時に図書館での打ち合わせに来る」の2つ。

| 一次試験・筆記 | **3B** | 問題編 p.120〜121 |

| ポイント | ヒップホップダンスのクラスに関するポスターを見たサラと, ダンススクールのロビンソンさんとの E メールによるやり取り。サラの質問内容, それに対するロビンソンさんの返信, それを受けてサラがすることを中心に読み取ろう。

| 全　訳 | 送信者：サラ・ブレイク

受信者：ジェーン・ロビンソン

日付：7月23日

件名：ダンスのクラス

ロビンソン様，

昨日，トロント市役所へ行ったときに，そちらのダンススクールのヒップホップダンスのクラスに関するポスターを見ました。土曜日の午前か午後に，中学生対象のクラスはありますか。私は普段，放課後にテニスの練習があるので，平日はレッスンを受けることができません。また，クラスに何人の生徒がいるのかを知りたいです。それと，そちらの生徒は時々イベントで演じますか。私はこれまでダンスのレッスンを受けたことは一度もありません。よろしくお願いいたします，

サラ

送信者：ジェーン・ロビンソン

受信者：サラ・ブレイク

日付：7月24日

件名：無料レッスン

サラへ，

E メールをありがとうございます。当校には，中学生対象のヒップホップダンスのクラスが2つあります。1つは毎週土曜日の午前10時からで，もう1つは毎週日曜日の午後2時からです。土曜日のクラスには9人の生徒がいます。日曜日のクラスは始まったばかりなので，まだ小規模です。4人の生徒しかいませんが，すぐにあと5〜6人が入ってきてほしいと思います。毎年夏に，当校の生徒全員がトロント夏祭りで演じます。それは大きなイベントなので，生徒たちはとても熱心に練習します。今週の土曜日か日曜日に，無料レッスンに来られますか。レッスンを楽しんだら，クラスに参加できます。タオルを持参して，楽な靴と服を身につけてください。来られるかどうか私にお知らせください。

それでは，

ジェーン・ロビンソン

送信者：サラ・ブレイク

受信者：ジェーン・ロビンソン

日付：7月24日

件名：ありがとうございます

ロビンソン様，

ヒップホップダンスのクラスについての情報をどうもありがとうございます。土曜日に無料レッスンを受けたいと思います。よろしければ，私の母が見学しに行きます。とてもわくわくしています！

それではまた，

サラ

語 句　poster「ポスター」，hip-hop dance「ヒップホップダンス」，weekday(s)「平日」，practice「練習，練習する」，after school「放課後に」，perform「演じる」，event(s)「イベント，行事」，free「無料の」，One is 〜, the other is …「1つは〜，もう1つは…」，〜 a.m.「午前〜時」，〜 p.m.「午後〜時」，towel「タオル」，comfortable「快適な，楽な」，let me know「私に知らせる」

(23)　解答　**1**

質問の訳　「サラはどこでヒップホップダンスのクラスに関するポスターを見たか」

選択肢の訳
1　市役所で。
2　ジェーン・ロビンソンの家で。
3　テニスコートで。
4　彼女の中学校で。

解 説　サラがどこでポスターを見たかについては，最初のEメールの1文目に，I saw a poster about hip-hop dance classes at your dance school when I went to Toronto City Hall yesterday. と書かれている。city hall は「市役所」という意味。

158

(24) 解答 ①

質問の訳 「日曜日の午後のクラスには現在，何人の生徒がいるか」

選択肢の訳 **1 4人。** **2 5人。** **3 6人。** **4 9人。**

解　説 ジェーン・ロビンソンは2番目のEメールの2文目で，two hip-hop dance classes for junior high school students「中学生対象の2つのヒップホップダンスのクラス」があると説明している。The Sunday one（＝class）で始まる5文目からが日曜日のクラスのことで，次の6文目に It only has four students とある。

(25) 解答 ④

質問の訳 「サラは何をすることに決めたか」

選択肢の訳 **1 日曜日のクラスに入る。**
2 トロント夏祭りに行く。
3 母親のダンスのレッスンを見る。
4 土曜日に無料レッスンを受けてみる。

解　説 質問の decide to ～は「～することに決める」という意味。サラは3番目のEメールの2文目で，I'd like to take a free lesson on Saturday. と書いている。I'd like to ～は「～したい」，a free lesson は「無料のレッスン」。正解の4では，take の代わりに Try「～を試す」が使われている。

| 一次試験・筆記 | **3C** | 問題編 p.122〜123 |

ポイント 世界中で人気のあるスナック，クラッカーの歴史に関する4段落構成の英文。当初は船員用に作られたスナックが，どのようにして現在のクラッカーになっていったかを，その名前の変化とともに読み取ろう。

全　訳
船員たちのスナック

　クラッカーは世界中で人気のあるスナックだ。いろいろな形と味のクラッカーがある。クラッカーにチーズや肉を載せて食べることが好きな人たちもいれば，何も載せないで食べる人たちもいる。ソールティーンはとても人気のあるクラッカーの種類だ。そ

れは塩がかかった四角いクラッカーで、たくさんの小さな穴もある。

　クラッカーは、1792年にアメリカ合衆国のマサチューセッツ州でジョン・ピアスンによって考案された。ピアスンはパン屋さんを所有していて、彼は船員たちのためにある種の食べ物を作りたいと思った。船員たちはよく船にパンを持ち込んだが、パンはすぐに腐ってしまった。ピアスンは小麦粉と水を混ぜて、それをとても乾燥するまで焼いた。彼は自分の新しい食べ物をピアスンズ・パイロット・ブレッドと名付けたが、多くの船員たちはそれを「乾パン」と呼んだ。

　「クラッカー」という英単語は1801年まで使われなかった。その当時、ジョシア・ベントという名の男性が自分自身の乾パン屋さんを所有していた。ある日、ベントはいくつかの乾パンを焼いていた。乾パンは焦げ、パチパチという音をさせた。この音を聞いたとき、彼は「クラッカー」という語を思いついた。ベントは、船員以外の人たちにも自分のクラッカーを売りたいと思った。それをもっとおいしくするために、彼は自分のレシピに塩を入れた。

　ベントのクラッカーはアメリカ合衆国の北東部でとても人気になり、そこの人々はよくそれをスープの中に入れた。すぐに、その国の他の地域の人々がそれを食べ始めた。その後、ナビスコという会社がピアスンとベントのパン屋さん両方を買い取った。ナビスコはベントのレシピを使い続けたが、クラッカーにソールティーンという新しい名前をつけた。

<table>
<tr><td>語 句</td></tr>
</table>

all over the world「世界中で」, shape(s)「形」, flavor(s)「味」, without「〜なしで」, saltine(s)「ソールティーン（塩がふりかけてあるクラッカー）」, square「四角い」, hole(s)「穴」, invent「〜を考案する、〜を発明する」, own「〜を所有する、自分自身の」, bakery「パン屋さん」, mix A and B「AとBを混ぜる」, bake「〜を焼く」, until「〜まで」, name A B「AをBと名付ける」, hardtack「乾パン」, burn「焦げる」, other than 〜「〜以外の」, recipe「レシピ、調理法」, delicious「おいしい」, northeastern「北東部の」, continue to ～「～し続ける」

(26) 解答 **1**

質問の訳 「ソールティーンというクラッカーは」

選択肢の訳
1 その中に小さな穴がある。
2 いろいろな形がある。
3 チーズから作られている。
4 よく肉と一緒に調理される。

解 説 第1段落の4文目に Saltines are a very popular kind of cracker. とあり，次の5文目の主語 They は Saltines を指している。5文目でソールティーンの特徴が2つ説明されていて，その後半の they also have many small holes から **1** が正解。

(27) 解答 **4**

質問の訳 「ジョン・ピアスンはなぜピアスンズ・パイロット・ブレッドを作ったか」

選択肢の訳
1 彼はマサチューセッツ州でおいしい食べ物を見つけることができなかった。
2 彼は小麦粉と水をとても安く買うことができた。
3 彼は乾燥した食べ物が好きではなかった。
4 彼は船員のためにある種の食べ物を作りたかった。

解 説 ジョン・ピアスンが何をしたかについては，第2段落に書かれている。その2文目の Pearson owned a bakery, and he wanted to make a kind of food for sailors. から，**4** が正解。a kind of ～は「一種の～」という意味。

(28) 解答 **2**

質問の訳 「ジョシア・ベントは，なぜ自分のクラッカーのレシピに塩を入れたか」

選択肢の訳
1 それをもっと簡単に焼くため。
2 それをもっとおいしくするため。
3 それをもっと早く焼くため。
4 それをもっと多くの船員に買ってもらうため。

解 説 ジョシア・ベントについて説明している第3段落の7文目に，He put salt in his recipe to make them more delicious. とある。He put salt in his recipe の理由が to 以降で，〈make＋目的語 (them)＋補語（more delicious）〉「（目的語）を（補語）の状態にする」の構文になっている。them は前文の his crackers「彼（＝ベント）のクラッカー」のこと。

(29) 解答 1

質問の訳 「ナビスコという会社は何をしたか」

選択肢の訳
1 2つのパン屋さんを買い取った。
2 船員たちに新しい船を作った。
3 クラッカー用の特別なスープを作った。
4 アメリカ合衆国にたくさんのレストランを開いた。

解 説 第4段落の3文目 Later, a company called Nabisco bought both Pearson's and Bent's bakeries. に正解が含まれている。called は「～という名前の」，both A and B は「A と B の両方」という意味。Pearson's「ピアスンの」と Bent's「ベントの」のいずれも文末の bakeries を修飾している。

(30) 解答 3

質問の訳 「この話は何についてか」

選択肢の訳
1 英単語の歴史。　　　　　2 有名な会社の歴史。
3 人気のあるスナックの歴史。　4 船上の食べ物の歴史。

解 説 タイトルが Snacks for Sailors で，英文の最初に Crackers are a popular snack all over the world. とあり，これ以降，a popular snack「人気のあるスナック」であるクラッカーがどのようにして誕生したか，つまり，クラッカーの history「歴史」について書かれている。

一次試験・筆記 4 問題編 p.124

質問の訳 「あなたは友だちと話すのと家族と話すのとでは，どちらが好きですか」

解答例
I like talking with my family better. I have two reasons.
First, I can talk about anything with my mother. Second,
my sister is really funny. We always laugh a lot when we
talk.

解答例の訳
「私は家族と話すほうが好きです。2つの理由があります。第1に，
私は母と何についてでも話すことができます。第2に，私の姉[妹]
はとても面白いです。私たちは話すと，いつも大笑いします」

解 説
Which do you like better, A or B? は「A と B のどちらが好き
ですか」という意味で，talking with your friends「友だちと話
すこと」と talking with your family「家族と話すこと」のどち
らが好きかを尋ねている。最初に，自分が好きなほうを I like
talking with my ～ better. の形で書き，続けて，その理由を2つ
説明する。解答例は，1文目：[自分の考え]家族と話すほうが好
き，2文目：理由が2つあることを説明，3文目：[1つ目の理由]
母と何でも話せる，4文目：[2つ目の理由]姉[妹]は面白い，5文
目：4文目の補足，という構成になっている。理由を書く際に
First「第1に」や Second「第2に」などを使うとよい。

語 句
reason(s)「理由」，talk about ～「～について話す」，funny
「面白い」，laugh「笑う」，a lot「たくさん」

一次試験・
リスニング | 第**1**部 | 問題編 p.125～126 | 🔊 | ▶MP3 ▶アプリ
▶CD3 **1**～**11**

例題　解答 **3**

放送文 ★：I'm hungry, Annie.
　　　☆：Me, too. Let's make something.
　　　★：How about pancakes?
　　　1 On the weekend.　　　**2** For my friends.
　　　3 That's a good idea.

放送文の訳 ★：「おなかがすいたよ，アニー」
　　　☆：「私もよ。何か作りましょう」
　　　★：「パンケーキはどう？」
　　　1 週末に。　　　　　　**2** 私の友だちに。

3 それはいい考えね。

No. 1 　解答 ②

放送文　★：Is that our new manager?

☆：Yes, he just started today.

★：He looks young.

   1 We finished early.　　**2** I think he's about 40.

   3 I went there.

放送文の訳　★：「あの人がぼくたちの新しい部長なの？」

☆：「ええ，今日着任したばかりよ」

★：「彼は若く見えるね」

   1 私たちは早く終えたわ。　**2** 彼は40歳くらいだと思うわ。

   3 私はそこへ行ったわ。

解　説　2人は our new manager「私たちの新しい部長」について話している。男性の He looks young.「彼（＝部長）は若く見える」につながる発話は，he's about 40「彼は40歳くらい」と年齢を言っている **2** で，40は 40 years old のこと。

No. 2 　解答 ③

放送文　★：Mrs. Robinson, what's our homework?

☆：Read page fifty-six in your textbook.

★：Anything else?

   1 I understand.　　　　**2** You did well.

   3 That's all.

放送文の訳　★：「ロビンソン先生，宿題は何ですか」

☆：「教科書の56ページを読んでください」

★：「何か他にはありますか」

   1 わかりました。　　　　**2** よくやったわね。

   3 それだけよ。

解　説　Anything else? は「何か他には？」という意味で，ロビンソン先生が言った Read page fifty-six in your textbook. 以外に homework「宿題」があるかどうかを尋ねている。これに応じた発話は **3** の That's all. で，それ以外にはないということ。

No. 3　解答　**3**

放送文
★：One ticket for the six o'clock show, please.
☆：I'm sorry. That show is sold out.
★：When is the next one?
   1 We sell popcorn.　　　**2** That'll be $10.
   3 It starts at nine.

放送文の訳
★：「6時のショーのチケットを1枚お願いします」
☆：「申し訳ございません。そのショーは売り切れです」
★：「次のショーはいつですか」
   1 ポップコーンを販売しています。
   2 10ドルになります。
   3 9時に始まります。

解　説
When is the next one?　の one　は show のことで，the six o'clock show「6時のショー」の次のショーがいつかを尋ねている。at nine「9時に」と具体的な時刻を答えている **3** が正解。be sold out は「売り切れている」という意味。

No. 4　解答　**1**

放送文
☆：Where's Mom?
★：She's outside working in the garden.
☆：I'll go and help her.
   1 That's nice of you.　　　**2** At the bookstore.
   3 These flowers are beautiful.

放送文の訳
☆：「お母さんはどこにいるの？」
★：「外に出て庭で仕事をしているよ」
☆：「お母さんを手伝いに行くわ」
   1 それは親切だね。　　　**2** 書店で。
   3 これらの花はきれいだね。

解　説
女の子は I'll go and help her.「（庭で仕事をしている）お母さんを手伝いに行く」と言っている。これを受けた発話になっているのは **1** で，That's nice of you. は「それ（＝母親を手伝いに行くこと）は親切だ」ということ。

No.5　解答　**2**

★：Let's go out for dinner tonight.

☆：Sounds great.

★：Where do you want to go?

1 Yes, I do.　　　　　**2** The new Mexican place.

3 I went last night.

★：「今夜，夕食を食べに行こうよ」

☆：「いいわね」

★：「どこへ行きたい？」

1 ええ，そうよ。　　　　**2** 新しくできたメキシコ料理の店。

3 私は昨夜行ったわ。

解　説 go out for dinner「夕食を食べに行く」ことについて話している。Where do you want to go? はどこで夕食を食べたいかを尋ねた質問なので，場所を答えている **2** が正解。place には「店」という意味があり，Mexican place は「メキシコ料理の店」。

No.6　解答　**2**

★：Hi, Mom.

☆：Hi, Tony.　Has your baseball game finished?

★：Yes.　Can you pick me up?

1 Yes, it's in your room.　　**2** Sure, I'll be there soon.

3 Wow!　That's great news.

★：「もしもし，お母さん」

☆：「あら，トニー。野球の試合は終わったの？」

★：「うん。ぼくを迎えに来てくれる？」

1 ええ，それはあなたの部屋にあるわ。

2 わかったわ，すぐにそこへ行くわ。

3 うわー！　それはすごいニュースね。

解　説 Can you ～? は「～してくれますか」と依頼する表現，pick ～ up は「～を車で迎えに来る［行く］」という意味。母親はトニーから迎えに来るように頼まれているので，I'll be there soon「すぐにそこへ行く」と言っている **2** が正解。

No. 7　解答 ②

放送文　☆：When does the train leave?

★：In half an hour.

☆：OK.　I'm going to look around the bookstore.

1 Yeah, I took the bus.　　**2** OK, I'll wait here.

3 Right, it's in my bag.

放送文の訳　☆：「電車はいつ出発するの？」

★：「30分後だよ」

☆：「わかったわ。書店を見て回ってくるわ」

1 うん，ぼくはバスに乗ったんだ。

2 わかった，ぼくはここで待っているよ。

3 そう，それはぼくのかばんの中にあるよ。

解　説　電車の出発が In half an hour.「30分後」だとわかった女性は，look around the bookstore「書店を見て回る」と言っている。これに応じた発話は **2** で，I'll wait here は「ぼくは（書店に行かずに）ここで待っている」ということ。

No. 8　解答 ①

放送文　☆：May I help you, sir?

★：Yes, what kind of pies are these?

☆：Pumpkin.　They're very delicious.

1 I'll take two, please.　　**2** Right, I just got here.

3 Wow, you're very busy.

放送文の訳　☆：「ご用件をお伺いいたしましょうか，お客さま？」

★：「はい，これらはどんな種類のパイですか」

☆：「カボチャです。とてもおいしいですよ」

1 2つください。

2 そうです，私はここに着いたばかりです。

3 うわー，あなたはとても忙しいですね。

解　説　店員は男性客から尋ねられた pies「パイ」が Pumpkin「カボチャ（のパイ）」で，very delicious「とてもおいしい」と説明している。この後の応答として適切なのは **1** で，I'll take ～ は「～をください[買います]」という意味。

No.9 解答 ③

放送文 ☆ : Do you have any plans today?

★ : No.

☆ : Why don't we go jogging, then?

1 Yes, every weekend.　　**2** No, I was too nervous.

3 OK, let's go before lunch.

放送文の訳 ☆ :「今日は何か予定はあるの?」

★ :「ううん」

☆ :「それなら, ジョギングに行かない?」

1 うん, 毎週末。

2 ううん, ぼくは緊張しすぎたんだ。

3 いいよ, 昼食前に行こう。

解説　Why don't we ～? は「～しませんか」という意味で, 相手を誘う表現であることに注意する。OK と応じた後に let's go before lunch「昼食前に(ジョギングに)行こう」と言っている **3** が正解。then「それなら」はここでは「予定がないのなら」ということ。

No.10 解答 ①

放送文 ☆ : What are you doing, Tim?

★ : I'm writing a report for my science class.

☆ : How long will it take?

1 I'm almost finished.　　**2** She's a good teacher.

3 It's about spiders.

放送文の訳 ☆ :「何をしているの, ティム?」

★ :「理科の授業のレポートを書いているんだ」

☆ :「どれくらいかかる?」

1 ほとんど終わったよ。　　**2** 彼女はいい先生だよ。

3 それはクモについてだよ。

解説　How long ～? は「どれくらいの時間～」という意味で, ティムが report「レポート」を書くのにかかる時間を尋ねている。具体的な時間を含む選択肢はないが, I'm almost finished.「ほとんど終わった」と答えている **1** が質問に対応した内容になっている。

No.11 解答 ②

放送文 ☆：Look outside, Grandpa! The ground is all white!

★：Yes. It snowed a lot yesterday.

☆：What about today?

★：It's going to be sunny.

Question: What was the weather like yesterday?

放送文の訳 ☆：「外を見て，おじいちゃん！　地面が真っ白だよ！」

★：「うん。昨日，たくさん雪が降ったんだ」

☆：「今日はどうなの？」

★：「晴れるよ」

質問の訳 「昨日の天気はどうだったか」

選択肢の訳 **1** 晴れ。　　**2** 雪。　　**3** 暑い。　　**4** 雨。

解　説 質問の What was 〜 like? は「〜はどうだったか」，weather は「天気」という意味。It snowed a lot yesterday. から判断する。放送文では動詞 snow「雪が降る」の過去形 snowed が使われているが，正解 2 の Snowy. は「雪の降る」という形容詞。今日の天気である sunny「晴れて」と混同しないようにする。

No.12 解答 ①

放送文 ★：Jenny, can we talk today about next week's school trip?

☆：How about this afternoon?

★：Sorry, I have a piano lesson.

☆：OK. I'll call you tonight around eight.

Question: When will Jenny call the boy?

放送文の訳 ★：「ジェニー，今日，来週の修学旅行について話せる？」

☆：「今日の午後はどう？」

★：「ごめん，ピアノのレッスンがあるんだ」

☆：「わかったわ。今夜 8 時頃に電話するわ」

質問の訳 「ジェニーはいつ男の子に電話するか」

選択肢の訳 **1** 今夜。　　**2** 明日の午前。**3** 明日の午後。**4** 来週。

18年度第1回 リスニング

169

放送文には時に関する表現が複数出てくるが，I'll call you tonight around eight. から **1** が正解。around ～（時刻）は「～時頃」という意味。next week's school trip「来週の修学旅行」を聞いて **4** を選んでしまわないように注意する。

No.13 解答 ③

放送文 ★：Is that your pencil case on the floor, Mary?

☆：The one under the desk? No, mine is in my bag.

★：Whose is it, then?

☆：I don't know. Let's take it to the school office.

　　Question: Where is Mary's pencil case?

放送文の訳 ★：「床の上のあの筆箱はきみのかな，メアリー？」

☆：「机の下にあるもののこと？　ううん，私のはかばんの中にあるわ」

★：「それじゃ，誰のだろう？」

☆：「わからないわ。学校の事務室に持って行きましょう」

質問の訳 「メアリーの筆箱はどこにあるか」

選択肢の訳 **1** 彼女の机の上に。　　　　**2** 床の上に。

3 彼女のかばんの中に。　　**4** 学校の事務室に。

解　説 最初の Is that your pencil case on the floor, Mary? にメアリーは No と答えているので，**2** は不正解。その後で mine is in my bag と言っているので，**3** が正解。mine「私のもの」は my pencil case「私の筆箱」のこと。

No.14 解答 ④

放送文 ☆：Jimmy, have you started writing the history report yet?

★：No.

☆：Remember, it has to be ready by Friday.

★：Thanks. I'll start it tonight.

　　Question: What will Jimmy do tonight?

放送文の訳 ☆：「ジミー，歴史のレポートをもう書き始めた？」

★：「ううん」

☆：「忘れないで，金曜日までにできていなくちゃだめよ」

★：「ありがとう。今夜始めるよ」

質問の訳 「ジミーは今夜，何をするか」

選択肢の訳 **1** 彼_{かれ}の友だちに手紙を書く。　**2** 女の子の家へ行く。
3 テストの勉強をする。　　　**4** レポートを書き始める。

解　説 Jimmy, have you started writing the history report yet? にジミーは No. と答え，最後に I'll start it tonight. と言っている。it は the history report「歴史のレポート」を指している。Remember, ～は「忘_{わす}れないで，～」という意味。

No. 15 解答 4

放送文 ★：Is there any dessert today, Mom?

☆：Yes. I made an apple pie.

★：Can I have some now?

☆：No, Bob. You have to wait until dinnertime.

Question: What does Bob want to do now?

放送文の訳 ★：「今日は何かデザートはある，お母さん？」

☆：「ええ。アップルパイを作ったわ」

★：「今少し食べてもいい？」

☆：「だめよ，ボブ。夕食のときまで待たなくちゃだめよ」

質問の訳 「ボブは今，何をしたいか」

選択肢の訳 **1** 遊びに出かける。　　　**2** 自分の夕食を作る。
3 母親を手伝う。　　　　**4** デザートを食べる。

解　説 ボブの Is there any dessert today, Mom? と，Can I have some now? から何をしたいのか判断_{はんだん}する。dessert は「デザート」，Can I ～? は「～してもいいですか」という意味。ここでの some は，母親が作った apple pie「アップルパイ」を指している。

No. 16 解答 3

放送文 ☆：Excuse me. Are there any more trains that go to Berkshire today?

★：No. There aren't any buses, either.

☆：Oh no. I really need to go there today.

★：You'll have to go by taxi.

Question: What should the woman do?

放送文の訳 ☆：「すみません。今日，バークシャーへ行く電車はまだありますか」

★：「いいえ。バスもありません」

18年度第1回　リスニング

171

☆：「あら，困ったわ。今日，どうしてもそこへ行く必要があるんです」

★：「タクシーで行かなければなりませんね」

| 質問の訳 | 「女性は何をすべきか」 |

| 選択肢の訳 |

1 バス発着所へ行く。　　　　　2 電車を待つ。

3 タクシーに乗る。　　　　　　4 切符をもう1枚買う。

| 解 説 |

Are there any more trains that go to Berkshire today? に男性は No. と答えていること，さらに There aren't any buses, either. と言っていることから 1 や 2 は不正解。not ～, either は「…もまた～ない」という意味。最後の You'll have to go by taxi. から 3 が正解。

No. 17　解答　2

| 放送文 | ★：This black coat looks nice and warm.

☆：You should buy it.

★：It's $400.　That's too much.

☆：You're right.　Let's find something cheaper.

　　Question: Why won't the man buy the black coat?

| 放送文の訳 | ★：「この黒のコートはすてきで暖かそうだね」

☆：「それを買ったほうがいいわよ」

★：「400ドルするよ。高すぎるね」

☆：「そうね。安いものを探しましょう」

| 質問の訳 | 「男性はなぜ黒のコートを買わないのか」

| 選択肢の訳 |

1 彼はその色が好きではない。　2 値段が高すぎる。

3 彼は財布を忘れた。　　　　　4 十分に暖かくない。

| 解 説 |

This black coat「この黒のコート」について男性が言っている It's $400.　That's too much. の聞き取りがポイント。ここでの too much は，正解 2 の too expensive「値段が高すぎる」とほぼ同じ意味。something cheaper は「（黒のコートよりも）安いもの」という意味。

No. 18　解答　4

| 放送文 | ★：How often do you work at the Chinese restaurant?

☆：Twice a week.

★：Do you enjoy it?

☆：Yeah．The other staff are really nice, and I love Chinese food.

Question: What are they talking about?

放送文の訳 ★：「どれくらいの頻度で中華料理のレストランで働いているの？」

☆：「週に2回よ」

★：「仕事は楽しい？」

☆：「ええ。他のスタッフはとても親切だし，私は中華料理が大好きなの」

質問の訳 「彼らは何について話しているか」

選択肢の訳 **1** 彼らの昼食の予定。　　　**2** 彼らの中国への旅行。

3 新しいスタッフ。　　　**4** 女性のアルバイト。

解　説 work at the Chinese restaurant「中華料理のレストランで働く」や Twice a week.「週に2回」などから，女性の part-time job「アルバイト」が話題だとわかる。staff は「スタッフ」，nice は「親切な」という意味。

No. 19 解答 ④

放送文 ☆：Are you interested in baseball?

★：No, but my dad is．He always watches it on TV.

☆：My mom and dad don't like sports at all.

★：I don't, either.

Question: Who is interested in baseball?

放送文の訳 ☆：「野球に興味がある？」

★：「ううん，でもぼくのお父さんは興味があるよ。いつもテレビでそれを見ているよ」

☆：「私のお母さんとお父さんはスポーツがまったく好きじゃないの」

★：「ぼくもだよ」

質問の訳 「誰が野球に興味があるか」

選択肢の訳 **1** 女の子の母親。　　　**2** 女の子の父親。

3 男の子。　　　**4** 男の子の父親。

解　説 Are you interested in baseball? に男の子は No と答えているので，3 は不正解。その後の but my dad is は but my dad is interested in baseball ということなので，4 が正解。not 〜 at all は「まったく〜ない」という意味。最後の I don't, either. は，I don't like sports, either. ということ。

No. 20 解答 **①**

放送文　☆：Have you ever been abroad?

★：Yes. I've been to Singapore twice and India once.

☆：Wow. How long did you stay in India?

★：For three weeks.

Question: How many times has the man been to India?

放送文の訳　☆：「外国へ行ったことはある？」

★：「うん。シンガポールへ２回，インドへ１回行ったことがあるよ」

☆：「うわー。インドにはどれくらい滞在したの？」

★：「３週間」

質問の訳　「男性は何回インドへ行ったことがあるか」

選択肢の訳　**1** １回。　　**2** ２回。　　**3** ３回。　　**4** ４回。

解説　質問の How many times 〜?「何回〜」は回数を尋ねる表現。男性の I've been to 〜「〜へ行ったことがある」に続く Singapore twice and India once を確実に聞き取るようにする。twice は「２回」，once は「１回」という意味。

一次試験・リスニング　第**3**部　問題編 p.129〜130　　▶MP3 ▶アプリ ▶CD 3 **23** 〜 **33**

No. 21 解答 **①**

放送文　Last month, Tim got first prize in a writing contest at school. He wrote a story about the rain forest in Brazil. Next week, his story will be in the school newspaper.

Question: What happened last month?

放送文の訳　「先月，ティムは学校の作文コンテストで１位を獲った。彼はブラジルの熱帯雨林に関する話を書いた。来週，彼の話は学校新聞に掲載される」

質問の訳　「先月，何が起こったか」

選択肢の訳　**1** ティムが作文コンテストで優勝した。

2 ティムがブラジルへ行った。

3 ティムが修学旅行へ行った。

4 ティムの話が新聞に載った。

解説 最初の Last month, Tim got first prize in a writing contest at school. から判断する。放送文の got first prize in ～「～で1位を獲った」が，正解の **1** では win「～で優勝する」の過去形 won を使って表現されていることに注意する。

No. 22 解答 ②

放送文 My parents like going out together.　Tonight, they'll have dinner at a restaurant.　After that, they'll go to a concert. This Saturday, they'll meet their friends for lunch.

Question: When will the boy's parents go to a concert?

放送文の訳 「ぼくの両親は一緒に外出するのが好きだ。今夜，両親はレストランで夕食を食べる。その後で，コンサートへ行く。今週の土曜日，両親は友だちと会って昼食を食べる」

質問の訳 「男の子の両親はいつコンサートへ行くか」

選択肢の訳 **1** 今夜の夕食前に。　　　　**2** 今夜の夕食後に。

3 土曜日の昼食前に。　　　**4** 土曜日の昼食後に。

解説 3文目に After that, they'll go to a concert. とある。After that「その後で」は，2文目の Tonight, they'll have dinner …「今夜，彼ら（＝両親）は夕食を食べる」を受けて言っているので，両親がコンサートへ行くのは今夜の夕食後ということ。

No. 23 解答 ④

放送文 Julie will visit Japan next month.　It'll be her second time. Last year, she stayed with a family in Kyoto for three months.　This time, she'll visit for two weeks.

Question: How long did Julie stay in Japan last year?

放送文の訳 「ジュリーは来月，日本を訪れる。彼女にとって2回目となる。昨年，京都のある家族のところに3か月間泊まった。今回は，2週間訪れる予定だ」

質問の訳 「ジュリーは昨年，どれくらいの期間日本に滞在したか」

選択肢の訳 **1** 2週間。　　**2** 3週間。　　**3** 2か月。　　**4** 3か月。

解　説 Last year「昨年」→ for three months「3か月間」と，This time「今回」→ for two weeks「2週間」の2つの情報を聞き分けることがポイント。her second time は「彼女の（日本への訪問は）2回目」ということ。

No. 24 解答 2

放送文 Mark wanted to see a baseball game yesterday. When he got to the stadium, there were no more tickets. He decided to have lunch at a restaurant, and then he went home.

Question: What did Mark do yesterday?

放送文の訳 「マークは昨日，野球の試合を見たかった。彼がスタジアムへ着いたとき，もうチケットが残っていなかった。彼はレストランで昼食を食べることにして，それから家に帰った」

質問の訳 「マークは昨日，何をしたか」

選択肢の訳　**1** 彼は映画を見た。
2 彼はレストランで食事をした。
3 彼は試合のチケットを買った。
4 彼は大好きな選手に会った。

解　説 decide to ～は「～することに決める」という意味で，He decided to have lunch at a restaurant から **2** が正解。stadium「スタジアム」へは行ったが there were no more tickets「もうチケットが残っていなかった」とあるので，**3** を選ばないように注意する。

No. 25 解答 1

放送文 Attention, passengers. The next plane to Houston will leave in 20 minutes. People flying to Houston should go to Gate A5 now. The flight to Chicago will be late because of bad weather.

Question: Where is the woman talking?

放送文の訳 「ご搭乗のみなさまにお知らせいたします。ヒューストン行きの次の飛行機は 20 分後に出発いたします。ヒューストンへ行かれる方は，すぐに A5 ゲートに行ってください。シカゴ行きの便は悪天候のために遅れる予定です」

質問の訳 「女性はどこで話しているか」

選択肢の訳	1　空港で。	2　病院で。
	3　カフェテリアで。	4　博物館で。

解　説　passengers「乗客」，The next plane to Houston「ヒューストン行きの次の飛行機」，Gate A5「A5ゲート」，The flight to Chicago「シカゴ行きの便」などから，airport「空港」での案内放送だとわかる。Attention, ～は「～にお知らせいたします」，because of ～は「～のために」という意味。

No. 26　解答　3

放送文　Nancy is thinking of becoming a farmer in the future. Today, she's going to ride her bike to the library and borrow some books about plants and farm animals.
Question: What will Nancy do today?

放送文の訳　「ナンシーは将来，農場経営者になろうと考えている。今日，彼女は自転車に乗って図書館へ行き，植物と家畜に関する本を何冊か借りるつもりだ」

質問の訳　「ナンシーは今日，何をするか」

選択肢の訳	1　農場を訪れる。	2　新しい自転車を買う。
	3　本を何冊か借りる。	4　動物園へ行く。

解　説　Today, she's going to ～「今日，彼女は～するつもりだ」で始まる2文目から，ナンシーが今日何をするか理解する。放送文では，ride her bike to the library「自転車に乗って図書館へ行く」と，borrow some books about ～「～に関する本を何冊か借りる」の2つの行動が説明されている。

No. 27　解答　1

放送文　Tomorrow is my husband's birthday. I won't have time to cook breakfast for him, so I asked my daughter to do it. She's going to make French toast. That's my husband's favorite.
Question: What did the woman ask her daughter to do?

放送文の訳　「明日は私の夫の誕生日だ。私は夫に朝食を作る時間がないので，娘にそれをするように頼んだ。彼女はフレンチトーストを作るつもりだ。それは夫のお気に入りだ」

質問の訳 「女性は娘に何をするように頼んだか」

選択肢の訳
1 朝食を作る。　　　　　　　**2** 誕生日ケーキを買う。

3 フランス語を勉強する。　　**4** 料理のレッスンを受ける。

解　説　ask ～ to … は「～に…するように頼む」という意味。2文目後半の so I asked my daughter to do it の do it「それをする」は，前半にある cook breakfast for him「彼（＝夫）に朝食を作る」を指している。so「だから」は，I won't have time to cook breakfast for him を受けて使われている。

No. 28 解答 ③

放送文　Many people thought Simon would play tennis in junior high school because his mother was a famous tennis player. But Simon joined the soccer club. In high school, he wants to try volleyball.

Question: Which club did Simon join in junior high school?

放送文の訳　「サイモンの母親は有名なテニス選手なので，多くの人はサイモンが中学校でテニスをするだろうと思っていた。でも，サイモンはサッカー部に入った。高校では，彼はバレーボールに挑戦したいと思っている」

質問の訳　「サイモンは中学校でどのクラブに入ったか」

選択肢の訳
1 テニス部。　　　　　　　　**2** 卓球部。

3 サッカー部。　　　　　　　**4** バレーボール部。

解　説　Many people thought ～ . But … 「多くの人は～だと思っていた。しかし…」の流れに注意する。Simon would play tennis in junior high school は多くの人が思っていたことで，実際に入ったクラブは But の後の Simon joined the soccer club で説明されている。

No. 29 解答 ④

放送文　Ken went to Sarah's party last night, but he left early. He had a terrible stomachache. He didn't say goodbye to Sarah when he left, so he'll call her this morning.

Question: Why did Ken leave Sarah's party early?

放送文の訳　「ケンは昨夜サラのパーティーへ行ったが，早く帰った。彼はひど

い腹痛<ruby>腹痛<rt>ふくつう</rt></ruby>がした。彼<ruby>彼<rt>かれ</rt></ruby>は，帰るときにサラにさよならを言わなかった
ので，今朝，彼女<ruby>彼女<rt>かのじょ</rt></ruby>に電話をするつもりだ」

質問の訳 「ケンはなぜサラのパーティーを早く出たか」

選択肢の訳
1 彼<ruby>彼<rt>かれ</rt></ruby>はサラに怒<ruby>怒<rt>おこ</rt></ruby>っていた。
2 彼<ruby>彼<rt>かれ</rt></ruby>は仕事に行かなければならなかった。
3 彼<ruby>彼<rt>かれ</rt></ruby>はそこに知<ruby>知<rt>し</rt></ruby>っている人が誰<ruby>誰<rt>だれ</rt></ruby>もいなかった。
4 彼<ruby>彼<rt>かれ</rt></ruby>は調子がよくなかった。

解説 1文目の he left early「彼<ruby>彼<rt>かれ</rt></ruby>は早く帰った［出た］」の理由は2文目
の He had a terrible stomachache. で，a terrible stomachache
は「ひどい腹痛<ruby>腹痛<rt>ふくつう</rt></ruby>」という意味。このことを，正解<ruby>正解<rt>かい</rt></ruby>の4では He
wasn't feeling well.「彼<ruby>彼<rt>かれ</rt></ruby>は調子がよくなかった」と表現<ruby>現<rt>げん</rt></ruby>している。

No. 30 解答 ④

放送文 I work at a bank. I enjoy my job, but it takes me two
hours to get from my house to my office. I want to move
to an apartment closer to my office.

Question: What is the man's problem?

放送文の訳 「ぼくは銀行で働いている。自分の仕事は楽しいが，家から会社へ
行くのに2時間かかる。ぼくは会社にもっと近いアパートに引っ
越ししたいと思っている」

質問の訳 「男性<ruby>性<rt>せい</rt></ruby>の問題は何か」

選択肢の訳
1 彼<ruby>彼<rt>かれ</rt></ruby>は仕事を見つけることができない。
2 彼<ruby>彼<rt>かれ</rt></ruby>は家のかぎをなくした。
3 彼<ruby>彼<rt>かれ</rt></ruby>は自分の仕事が楽しくない。
4 彼<ruby>彼<rt>かれ</rt></ruby>は会社から遠く離<ruby>離<rt>はな</rt></ruby>れたところに住んでいる。

解説 I enjoy my job と言っているので，3は不正解<ruby>解<rt>かい</rt></ruby>。その後の it takes
me two hours to get from my house to my office が，男性<ruby>性<rt>せい</rt></ruby>の
problem「問題」。〈It takes＋（人）＋（時間）＋to ～〉は「（人）が
～するのに（時間）がかかる」，get from ～ to … は「～から…
へ行く」という意味。

全　訳

魚を食べること

日本では，多くの人々が魚を食べることを楽しむ。魚は新鮮なときおいしいので，朝早くに市場で売られる。魚を食べることは健康にとてもいいことがある。

質問の訳

No.1 パッセージを見てください。魚はなぜ朝早くに市場で売られるのですか。

No.2 イラストを見てください。めがねをかけた男性は何を運んでいますか。

No.3 女性を見てください。彼女は何をしようとしていますか。

さて，〜さん，カードを裏返しにしてください。

No.4 あなたは普段，夕食後に何をしますか。

No.5 あなたは今までに飛行機に乗ったことがありますか。

　　　　はい。　→ もっと説明してください。

　　　　いいえ。→ あなたは先週の日曜日に何をしましたか。

No. 1

解答例

Because it tastes good when it is fresh.

解答例の訳

「それは新鮮なときおいしいからです」

解　説

sold は sell「〜を売る」の過去分詞で，質問は Why is fish sold …「魚はなぜ売られるのか」という受動態の疑問文。2文目に正解が含まれているが，解答する際，①質問の主語と重なる Fish を3人称単数の代名詞 it に置き換える，②文の後半 so it is sold at markets early in the morning「だから，それ（＝魚）は朝早くに市場で売られる」は質問に含まれている内容なので省く，という2点に注意する。taste(s) 〜（形容詞）は「〜の味がする」。

No. 2

解答例

He's carrying a box.

解答例の訳

「彼は箱を運んでいます」

解　説

イラスト中の the man with glasses「めがねをかけた男性」に関する質問。質問の What is 〜 carrying? は，「〜は何を運んでいますか」という現在進行形〈am/is/are＋動詞の〜ing〉の疑問文。

180

質問に合わせて He's [He is] carrying 〜という現在進行形を使い，この後に男性が運んでいる a box「1つの箱」を続ける。

No. 3

解答例　She's going to sit down.

解答例の訳　「彼女は座ろうとしています」

解　説　be going to 〜は「〜しようとしている」という意味で，女性がこれからとる行動は吹き出しの中に描かれている。質問に合わせて，She's [She is] going to 〜（動詞の原形）の形で答える。「座る」は sit down と表現する。ここでは，sit on the bench「ベンチに座る」を使うこともできる。

No. 4

解答例　I play with my dog.

解答例の訳　「私は犬と遊びます」

解　説　usually は「普段」，after dinner は「夕食後に」という意味で，自分が普段，夕食後にすることを I (usually) 〜（動詞）の形で答える。解答例の他に，I usually watch TV.「私は普段，テレビを見ます」のような解答も考えられる。

No. 5

解答例　<u>Yes.</u> → Please tell me more.
　　　　　— I went to Okinawa last summer.
　　　　<u>No.</u> → What did you do last Sunday?
　　　　　— I saw a movie.

解答例の訳　「はい」　→ もっと説明してください。
　　　　　— 「私は昨年の夏に沖縄へ行きました」
　　　　「いいえ」→ あなたは先週の日曜日に何をしましたか。
　　　　　— 「私は映画を見ました」

解　説　最初の質問の Have you ever 〜（過去分詞）? は「今までに〜したことはありますか」という意味で，plane「飛行機」に乗ったことがあるかどうかを Yes(, I have). / No(, I haven't). で答える。Yes の場合の2番目の Please tell me more. には，飛行機でいつ，どこへ行ったかなどについて過去形を使って答えればよい。No の場合の2番目の質問 What did you do last Sunday? には，last Sunday「先週の日曜日」にしたことを過去形で答える。解答

例の他に，（Yes の場合）My parents and I went to France two years ago.「両親と私は 2 年前にフランスへ行きました」，（No の場合）I played soccer with my friends.「私は友だちとサッカーをしました」のような解答も考えられる。

全 訳

梅雨

日本では，6 月と 7 月によく雨が降る。雨が降るときれいに見える庭もあって，そのためそれらは梅雨の間に訪れるのによい場所だ。この季節は米を育てるためにも大切だ。

質問の訳

No.1　パッセージを見てください。なぜ一部の庭は梅雨の間に訪れるのによい場所なのですか。

No.2　イラストを見てください。何人が傘を持っていますか。

No.3　ステージの上の女の子たちを見てください。彼女たちは何をしていますか。

さて，〜さん，カードを裏返しにしてください。

No.4　あなたはどんな種類のペットがほしいですか。

No.5　あなたはスポーツをするのが得意ですか。

はい。　→ もっと説明してください。

いいえ。→ あなたは家にいるときに何をすることが好きですか。

No.1

解答例　Because they look beautiful when it rains.

解答例の訳　「雨が降るときれいに見えるからです」

解 説　garden(s) は「庭」，the rainy season は「梅雨」という意味。正解を含む 2 文目は，〈〜, so ...〉「〜（原因・理由），だから…（結果）」の構文。解答する際，①質問の主語と重なる Some gardens を 3 人称複数の代名詞 they に置き換える，②文の後半 so they are nice places to visit during the rainy season「だから，それらは梅雨の間に訪れるのによい場所だ」は質問に含まれている内容なので省く，という 2 点に注意する。

No. 2

解答例 Two people are holding umbrellas.

解答例の訳 「2人が傘を持っています」

解　説 〈How many＋複数名詞〉は数を問う表現で，ここでは何人が umbrellas「傘」を持っているか尋ねている。イラストで傘を持っているのは2人だが，単に Two people. と答えるのではなく，動詞を加えて Two people are (holding umbrellas). の形にする。

No. 3

解答例 They're dancing.

解答例の訳 「彼女たちは踊っています」

解　説 イラスト中の the girls on the stage「ステージの上の女の子たち」に関する質問。質問の What are ～ doing? は，「～は何をしていますか」という現在進行形〈am/is/are＋動詞の～ing〉の疑問文。「踊る」は dance で，質問に合わせて They're [They are] dancing. という現在進行形で答える。

No. 4

解答例 I want a hamster.

解答例の訳 「私はハムスターがほしいです」

解　説 What kind of ～? は「どのような種類の～」という意味。自分が飼いたいと思う pet「ペット」を，I want a dog [cat, rabbit].「私は犬[ネコ，うさぎ]がほしいです」の形で答える。特に飼いたいペットがなければ，I don't want any pets.「私はどんなペットもほしくありません」のように答えることもできる。

No. 5

解答例 <u>Yes.</u> → Please tell me more.
　　 — I always play tennis with my sister.
<u>No.</u> → What do you like to do when you are at home?
　　 — I like to watch TV.

解答例の訳 「はい」　→　もっと説明してください。
　 —「私はいつも姉[妹]とテニスをします」
「いいえ」→　あなたは家にいるときに何をすることが好きですか。
　 —「私はテレビを見ることが好きです」

解　説 最初の質問の Are you good at ～? は「あなたは～が得意ですか」

という意味で，playing sports「スポーツをすること」が得意かどうかを Yes(, I am). / No(, I'm not). で答える。Yes の場合の2番目の Please tell me more. には，何のスポーツが得意か，そのスポーツをいつ，誰とするかなどを答えればよい。No の場合の2番目の質問 What do you like to do when you are at home? には，when you are at home「家にいるときに」何をするのが好きかを I like to 〜の形で答える。解答例の他に，（Yes の場合）I often play badminton on weekends.「私はよく週末にバドミントンをします」，（No の場合）I like to listen to music.「私は音楽を聞くことが好きです」のような解答も考えられる。

2017-3

一次試験
筆記解答・解説 p.186〜198

一次試験
リスニング解答・解説 p.199〜215

二次試験
面接解答・解説 p.216〜220

解答一覧

一次試験・筆記

1

(1)	1	(6)	4	(11)	4
(2)	4	(7)	3	(12)	2
(3)	2	(8)	2	(13)	4
(4)	1	(9)	4	(14)	4
(5)	2	(10)	1	(15)	3

2

(16)	4	(18)	2	(20)	1
(17)	1	(19)	4		

3 A / **3 B**

(21)	2		(23)	1
(22)	4		(24)	4
			(25)	1

3 C

(26)	3	(28)	2	(30)	1
(27)	1	(29)	4		

4 解答例は本文参照

一次試験・リスニング

第1部

No. 1	3	No. 5	3	No. 9	1
No. 2	2	No. 6	3	No.10	3
No. 3	2	No. 7	1		
No. 4	3	No. 8	2		

第2部

No.11	2	No.15	1	No.19	4
No.12	2	No.16	2	No.20	1
No.13	2	No.17	3		
No.14	1	No.18	1		

第3部

No.21	4	No.25	3	No.29	3
No.22	2	No.26	2	No.30	4
No.23	2	No.27	1		
No.24	1	No.28	1		

(1) 解答 **1**

訳　「テレビの野球の試合を見に来て，お父さん。お父さんの大好きなチームが勝っているよ」

解説　主語の Your favorite team「あなた（＝お父さん）の大好きなチーム」とのつながりから，win「勝つ」の現在進行形である is winning「勝っている」が適切。2，3，4 の原形はそれぞれ sell「〜を売る」，belong「（〜に）属する」，fill「〜を満たす」。

(2) 解答 **4**

訳　「ケイコの家族は現在，アパートに住んでいるが，来年新しい家を建てる予定だ」

解説　空所に入る動詞の目的語が a new house「新しい家」で，これと意味的につながるのは build「〜を建てる」。taste「〜の味がする」，imagine「〜を想像する」，invite「〜を招待する」。

(3) 解答 **2**

訳　A「大人になったら何になりたいの？」
B「わからないわ。将来の計画はまだ何もないの」

解説　A の be は「〜になる」，grow up は「大人になる」。A は B に何になりたいのかを尋ねているので，B の応答は plans for my future「自分の将来の計画」はまだない，となる。shape「形」，energy「エネルギー」，culture「文化」。

(4) 解答 **1**

訳　「私の兄[弟]は名古屋で新しい仕事を始めるので，来月そこへ引っ越す」

解説　空所後に場所を表す to Nagoya「名古屋へ」があるので，move to 〜「〜へ引っ越す」とする。there は in Nagoya「名古屋で」ということ。smile「ほほえむ」，hear「〜が聞こえる」，wait「待つ」。

(5) 解答 **2**

訳　A「すみません。郵便局はこの近くですか」
　　　B「すぐそこです，通りの反対側です」

解 説　A は B に post office「郵便局」の場所を尋ねている。空所前後の the other (　　) of the street「通りの反対の～」とのつながりから，side「側」が正解。the other side は「反対側」という意味。line「線」，way「道」，source「源」。

(6) 解答 **4**

訳　A「週末はどうでしたか，ブラウンさん？」
　　　B「とてもよかったですよ。週末のほとんどを読書して過ごしました」

解 説　most of the weekend「週末のほとんど」とのつながりから，spend「（時）を過ごす」の過去形 spent が正解。〈spend＋（時）＋～ing〉「（時）を～して過ごす」の形で使う。gave は give「～を与える」，bought は buy「～を買う」，made は make「～を作る」の過去形。

(7) 解答 **3**

訳　A「今晩のパーティーに何を着ていったらいい，ナンシー？」
　　　B「ジャケットとネクタイよ」

解 説　B の A jacket and a tie.「ジャケットとネクタイ」から，A はパーティーに何を着ていったらいいかを尋ねていることがわかる。正解 3 の wear は「～を着ている」という意味。invent「～を発明する」，set「～を整える」，put「～を置く」。

(8) 解答 **2**

訳　「そのテレビスターはあまりにも速く話した。フレッドは彼女が言っていることをまったく理解できなかった」

解 説　couldn't と空所前の at に注目して，not ～ at all「まったく～ない」という表現にする。spoke は speak「話す」の過去形で，spoke too fast は「あまりにも速く話した」という意味。ever「今までに」，much「たくさんの」，never「決して～ない」。

(9)　解答　**4**

訳　A「何かペットを飼ってるの，ジョン？」
　　B「ううん，ぼくはネコと犬が怖いんだ」

解説　空所前にある afraid は「恐れて，怖がって」という意味の形容詞
で，be afraid of 〜で「〜を怖がる」という表現になる。pets は
pet「ペット」の複数形。at「〜に」，on「〜の上に」，for「〜の
ために」。

(10)　解答　**1**

訳　A「昨日は学校で会わなかったわね」
　　B「風邪で1日中寝ていたんだ。でも今はよくなったよ」

解説　空所後の in bed とのつながりから，be sick in bed「病気で寝て
いる」という表現にする。all day は「1日中」という意味。with
a cold「風邪で」は，I was sick in bed の理由。after「〜の後
に」，up「上へ」，silent「音がしない，無言の」。

(11)　解答　**4**

訳　A「音楽がうるさすぎるよ。ラジオの音量を下げて」
　　B「わかった」

解説　The music is too loud.「音楽がうるさすぎる」という状況と空所
後の down とのつながりから，turn down 〜「〜の音量を下げる」
という表現にする。go「行く」，make「〜を作る」，stand「立つ」。

(12)　解答　**2**

訳　「メアリーが門を閉め忘れたので，彼女の犬は昨日逃げ出した」

解説　ran は run「走る」の過去形で，run away で「逃げる」という意
味の表現。forgot は forget の過去形で，forget to 〜（動詞の原
形）で「〜し忘れる」。ここではメアリーが close the gate「門を
閉める」ことを忘れたということ。with「〜と一緒に」，from「〜
から」，above「〜の上に」。

(13)　解答　**4**

訳　「私の姉[妹]は音楽が大好きだ。彼女は歌うことが得意だ」

188

解説 be good at ～は「～が得意だ，～がじょうずだ」という意味。前置詞 at の後には名詞がくるので，動詞 sing「歌う」の名詞の働きをする動名詞 singing「歌を歌うこと」が適切。**3** の sang は sing の過去形。

(14) 解答 4

訳 A「チャールズは明日，空港で私たちと会う<u>のよね</u>？」
B「そうだと思うよ」

解説 〈肯定文, 否定形＋主語の代名詞 ?〉や〈否定文, 肯定形＋主語の代名詞 ?〉で，「～ですよね，～ではありませんよね」と相手に確認したり同意を求めたりする付加疑問と呼ばれる形になる。ここでは Charles will ～という肯定文なので，will を否定形にして won't he? とする。

(15) 解答 3

訳 A「あそこでベンチに<u>座っている</u>あの男性は誰？」
B「ぼくのお父さんだよ」

解説 動詞 sit「座る」の現在分詞 sitting を使って that man sitting on the bench とすると「ベンチに座っているあの男性」という意味になる。sitting 以降の語句が that man を修飾する構造。**2** の sat は sit の過去形。

| 一次試験・筆記 | **2** | 問題編 p.140 |

(16) 解答 4

訳 男の子「ごめん，ティナ。きみの辞書を学校に持ってくるのを忘れちゃった」
女の子「<u>大丈夫よ。今日はそれは必要ないわ</u>」

解説 ティナの dictionary「辞書」を持ってくるのを忘れたという男の子に，ティナは That's OK.「大丈夫」と言っている。正解 **4** の need は「～を必要とする」，it は dictionary を指していて，「今日は辞書を必要としない（＝使わない）」ということ。

(17) 解答 1

訳

孫息子「パイをもっと食べていい？」
祖母 「いいわよ。はい，どうぞ。それで足りる？」
孫息子「うん，ありがとう」

解説

Could I ～? は「～してもよろしいでしょうか」という意味で，孫息子は祖母に pie「パイ」をもっと食べていいか尋ねている。祖母の Here you are. と，孫息子の Yes, thanks. とのつながりから考える。正解 1 の that は祖母が差し出したパイのことで，enough は「十分な，必要なだけの」という意味。

(18) 解答 2

訳

女の子「明日のスペイン語のテストがとても心配だわ」
男の子「それについては心配いらないよ。きみは簡単に合格するよ」

解説

女の子が nervous「心配な」と言っているのは，tomorrow's Spanish test「明日のスペイン語のテスト」のこと。男の子の応答 You'll pass easily. につながるのは 2 で，Don't worry about ～は「～について心配しないで」という意味。

(19) 解答 4

訳

妻「あなたのお姉さん[妹さん]の結婚式の写真を探していたんだけど，見つからなかったわ」
夫「上の階の箱の中にあるよ。きみのために取ってきてあげるよ」

解説

夫の go and get ～は「～を取りに行く」，them は妻が探していた the pictures from your sister's wedding「あなた（＝夫）の姉[妹]の結婚式の写真」のこと。この発話から，夫は写真がある場所を知っていることがわかるので 4 が正解。They're は They are の短縮形，upstairs は「上の階に」という意味。

(20) 解答 1

訳

男の子「トモコ，日本での生活について教えてくれる？」
女の子「いいわよ。何を知りたいの？」
男の子「食べ物と人について学びたいんだ」

解説

learn about ～は「～について学ぶ」という意味で，男の子は the

food and the people「その（＝日本の）食べ物と人」について知りたいと言っている。その前の質問として適切なのは，know を使って何を知りたいのか尋ねている **1**。

ポイント 駅の掲示で，年末に電車の運行が変更になることに関するお知らせ。掲示全体の目的が何であるかとともに，具体的に運行時刻や運行間隔がどのようになるか，その期間はいつかなどの情報を理解しよう。

全 訳
ジェームズストリート駅からの重要なお知らせ
年末の臨時電車スケジュール

年末の電車のスケジュールの変更は次のとおりです。

	始発電車	最終電車	運行スケジュール
ブルーライン：	午前 5時45分	午後 11時45分	電車は15分おきに運行します。
グリーンライン：	午前 5時50分	午後 11時30分	電車は20分おきに運行します。

このスケジュールは **12月30日**に始まり，**1月1日**に終了します。また，**1月1日**は，ジェームズストリートでの元日のパレードのため，午前5時30分から正午まで出口 **B** と **C** が閉鎖されます。毎年，ジェームズストリートは大変混雑しますので，ご注意ください！　他の出口をお探しになるには，駅の地図をご覧いただくか，当駅のウェブサイトをご覧ください。

www.james-st/citytrains.org

語 句 notice「お知らせ」, year-end「年末の」, schedule「スケジュール」, every ～ minute(s)「～分おきに」, exit(s)「出口」, close「～を閉める」, because of ～「～のために」, parade「パレード」, crowded「混雑した」, website「ウェブサイト」

(21) 解答 ②

質問の訳　「このお知らせは何についてか」

選択肢の訳
1　ジェームズストリート駅に新しい出口を作ること。
2　年末の電車のスケジュールへの変更。
3　元日のパレードの開始時間。
4　ジェームズストリートに開店する新しい店。

解　説　この掲示は，2行目にある Special Year-End Train Schedule「年末の臨時電車スケジュール」についてのお知らせである。具体的な内容が，次の Here are the changes for ～「～の変更は次のとおりです」以降に書かれている。正解 2 の Changes to ～は「～への変更」という意味。

(22) 解答 ④

質問の訳　「12月30日のグリーンラインの始発電車は何時か」

選択肢の訳
1　午前5時15分に。　　　2　午前5時30分に。
3　午前5時45分に。　　　4　午前5時50分に。

解　説　質問が the first Green Line train「グリーンラインの始発電車」についてであることに注意する。掲示の Green Line の First train の部分を見ると，5:50 a.m. と書かれているので 4 が正解。～ a.m. は「午前～時（～分）」。

一次試験・筆記 **3B** 問題編 p.144～145

ポイント　ハリーが来月やって来るおばのバーバラへ書いた E メールと，バーバラからの返信。ハリーの家族が飼い始めたネコや，ハリーのバーバラへの頼み事とバーバラからの返事，ハリーの母親とバーバラが子どものときに飼っていたネコの話などを中心に読み取ろう。

全　訳　送信者：ハリー・イエーツ
受信者：バーバラ・イエーツ
日付：7月18日
件名：待ち遠しいです！
バーバラおばさんへ，
元気ですか？　おばさんが来月，1週間訪ねに来るってお母さん

が言いました。おばさんに会うのが待ち遠しいです！　先月，我が家は新しいネコを買いました。名前はペッパーです。黒と灰色なので，そう名づけました。おばさんは気に入ると思います。ペッパーは遊ぶことが大好きで，とてもかわいいです。おばさんがこちらにいる間，ぼくのことで1つ手伝ってもらえませんか。ぼくは9月に，全校生徒の前で日本語でスピーチをしなければなりません。とても不安です。スピーチを書き始めましたが，とても難しいです。その手伝いをしてもらえませんか。おばさんは大学生のときに日本語を勉強したとお母さんが言っているので，きっとおばさんはとてもじょうずなんだと思います。

それではまた，

ハリー

送信者：バーバラ・イエーツ

受信者：ハリー・イエーツ

日付：7月19日

件名：いいわよ！

こんにちは，ハリー，

私も来月あなたに会うのを楽しみにしているわ。そして，あなたの日本語のスピーチをぜひ手伝いたいわ。私が行っている間，何か他のこともしましょう。グランド市の科学博物館へ行くのはどう？　私の友だちの1人が，そこでパートの仕事をしているの。彼女が忙しくなければ，私たちを特別に案内してくれるわ。それと，ペッパーに会うのも待ち遠しいわ。かわいらしい感じね。あなたのお母さんと私も，子どもの頃にネコを飼っていたの。ネコの名前はタイガーだったけど，オレンジと黒ではなかったわ。白色だったの。そのネコはあなたのお母さんが動物園で見た白いトラに似ていたので，あなたのお母さんはタイガーがいい名前だと思ったの。

来月に会いましょう，

バーバラ

語句　come to visit「訪ねに来る」，I can't wait to ～「～するのが

待ち遠しい」，name + (人・物) + ～「(人・物) を～と名づける」，while「～する間に」，in front of ～「～の前で」，whole「全体の」，college「大学」，look forward to ～ing「～するのを楽しみにして待つ」，I'd love to ～「ぜひ～したい」，How about ～ing?「～するのはどうですか」，part-time job「パートの仕事，アルバイト」，sound「～のように聞こえる，～のように思われる」，lovely「かわいらしい」，kid「子ども」

(23) 解答 ①

質問の訳 「ハリーはおばに何をするように頼んでいるか」

選択肢の訳
1 彼の日本語のスピーチを手伝う。
2 彼の新しいペットの名前を選ぶ。
3 彼のネコを1週間世話する。
4 彼におばの大学生活について話す。

解説 質問の ask + (人) + to ～は「(人) に～するように頼む」という意味。ハリーは最初の E メールの8文目で，While you're here, could you please help me with one thing? とおばに手伝ってもらいたいことがあると伝えている。その具体的な内容は，次の文以降で書かれている a speech in Japanese「日本語でのスピーチ」である。

(24) 解答 ④

質問の訳 「誰が科学博物館で働いているか」

選択肢の訳
1 ハリー。　　　　　　　　2 ハリーの母親。
3 ハリーのおば。　　　　　**4 ハリーのおばの友だち。**

解説 2番目の E メールの5文目に，One of my friends has a part-time job there. とある。there「そこで」は，その前の文にある the science museum「科学博物館」を指している。ハリーのおばが書いた E メールなので，One of my friends はハリーのおばの友だちの1人ということ。

(25) 解答 ①

質問の訳 「ハリーの母親はなぜ自分のネコをタイガーと名づけたか」

194

1 ネコが白いトラに似ていた。

2 彼女がネコを動物園の外で見つけた。

3 ネコがオレンジと黒だった。

4 ネコが遊ぶことが大好きだった。

解説

ハリーの母親とおばが飼っていたネコについては，2番目のEメールの9文目以降で説明されている。最後の He looked like a white tiger …, so she thought Tiger was a good name for him. から，**1** が正解。looked like ～は「～に似ていた」という意味。10文目に he wasn't orange and black とあるので，**3** は不正解。

一次試験・筆記 **3C** 問題編 p.146～147

ポイント

アメリカ人女性として初めて宇宙へ行ったサリー・ライドの生涯に関する4段落構成の英文。彼女の子どもの頃の夢とその変化，宇宙飛行士になるまでの過程と宇宙へ行った後の生活などを中心に読み取ろう。

全訳

サリー・ライド

　サリー・ライドは宇宙へ行った最初のアメリカ人女性だった。彼女は1951年にカリフォルニアで生まれた。子どもの頃，彼女は数学，科学，そしてテニスが大好きだった。高校で，彼女はテニスがとてもじょうずになった。実際，アメリカで最も優秀な選手の1人だった。その当時，彼女はプロのテニス選手になりたいと思っていた。何か月もの間毎日，一生懸命に練習したが，それから彼女は考えを変えた。彼女は代わりに，大学へ行く決心をした。

　サリーはスタンフォード大学へ行った。そこで，彼女は科学と英語を勉強した。後に，彼女は天体物理学で博士号を取った。その後，1977年に，彼女は新聞である広告を読んだ。そこには，米国航空宇宙局が宇宙飛行士になりたい人を探していると書いてあった。サリーはその仕事に就きたいと思い，そしてそれを得た。彼女はテキサス州のヒューストンにあるジョンソン宇宙センター

へ行って，宇宙飛行士になるための訓練をした。

　1983年，サリーは宇宙へ行くことができた。ロシアが1963年と1982年に女性を宇宙へ送ったが，サリーは宇宙へ行った最初のアメリカ人女性だった。彼女の2回目で最後となった宇宙旅行は1984年のことだった。彼女はさらに数年間，米国航空宇宙局で働き，それからスタンフォード大学で働いた。後に，サリー・ライド・サイエンスという名の自分自身の会社を持って，本も何冊か書いた。

　悲しいことに，サリーは2012年に亡くなった。しかし，多くの人は彼女が行った重要なことを覚えている。実際，2013年に，バラク・オバマ大統領は彼女に特別な賞を与えた。また，2つの小学校が彼女にちなんで名づけられている。サリーは今でも，多くの人にとってヒーローだ。

　語　句　　space「宇宙」，grow up「成長する」，in fact「実際」，professional「プロの」，for months「何か月もの間」，change *one's* mind「考えを変える」，decide to ～「～しようと決心する」，instead「その代わりに」，later「後に」，astronaut(s)「宇宙飛行士」，train「訓練する」，sent＜send「～を送る」の過去形，final「最後の」，company「会社」，sadly「悲しいことに」，award「賞」，elementary school(s)「小学校」，be named after ～「～にちなんで名づけられる」，hero「ヒーロー」

(26) 解答 3

質問の訳　「サリー・ライドは高校生のとき，何になりたかったか」

選択肢の訳
1　科学者。
2　大学の先生。
3　テニス選手。
4　宇宙飛行士。

解　説　第1段落の4文目は In high school で始まり，この後にサリー・ライドが高校生のときのことが書かれている。6文目の At that time, she wanted to become a professional tennis player. に正解が含まれている。become は質問にある be と同じで，「～になる」という意味。

(27) 解答 **1**

質問の訳　「サリーはどのようにして米国航空宇宙局での仕事について知ったか」

選択肢の訳
1 彼女は新聞でそれについて読んだ。
2 彼女はジョンソン宇宙センターから電話を受けた。
3 ヒューストンにいる彼女の友だちがそれについて彼女に話した。
4 彼女はスタンフォード大学でポスターを見た。

解　説　質問の find out about ～は「～について知る」という意味。第2段落4文目の Then, in 1977, she read an advertisement in the newspaper. と，5文目の It said NASA was looking for people who wanted to become astronauts. から，**1**が正解。It said ～ は「それ（＝新聞の広告）には～と書いてあった」ということ。

(28) 解答 **2**

質問の訳　「サリーは何回宇宙へ行ったか」

選択肢の訳　**1** 1回。　　**2** 2回。　　**3** 3回。　　**4** 4回。

解　説　質問の How many times ～？「何回～」は回数を尋ねる表現。第3段落の3文目に，Her second and final trip to space was in 1984. とある。second「2回目の」と final「最後の」の両方が trip to space を修飾している構造で，2回目が最後の宇宙旅行になったことがわかる。

(29) 解答 **4**

質問の訳　「バラク・オバマ大統領は 2013 年に何をしたか」

選択肢の訳
1 彼はサリーの生涯に関する本を書いた。
2 彼はサリーにちなんで学校を名づけた。
3 彼はサリー・ライド・サイエンスという会社を始めた。
4 彼はサリーに特別な賞を与えた。

解　説　President Barack Obama「バラク・オバマ大統領」がしたことについては，第4段落の3文目に，In fact, in 2013, President Barack Obama gave her a special award. とある。gave は give「（人）に～を与える」の過去形，special award は「特別な賞」。

(30) 解答

質問の訳 「この話は何についてか」

選択肢の訳
1 重要なアメリカ人宇宙飛行士。
2 大統領になった最初の女性。
3 有名なアメリカ人テニス選手。
4 ロシアを訪れた人気のある先生。

解 説
タイトルにもあるとおり，この英文は Sally Ride に関する話。第2段落と第3段落で，彼女が astronaut「宇宙飛行士」になってアメリカ人女性として初めて宇宙へ行ったこと，第4段落では彼女の業績を the important things she did「彼女が行った重要なこと」と表現していることなどから，**1** が正解。

一次試験・筆記　4　問題編 p.148

質問の訳 「あなたはどこの市を訪れたいですか」

解答例
I want to visit Sapporo because I want to go to the famous snow festival in winter.　Also, there are many delicious foods to enjoy in Sapporo.　For example, sushi and crab.

解答例の訳
「私は冬に有名な雪まつりに行きたいので，札幌を訪れたいです。また，札幌には楽しめるおいしい食べ物がたくさんあります。例えば，すしやカニです」

解 説
QUESTION は What city で始まり，どこの市を want to visit「訪れたい」か尋ねている。最初に，自分の考え（＝訪れたい市）を I want to visit 〜 の形で書き，続けて，その理由を2つ説明する。解答例は，1文目：[自分の考え]札幌を訪れたい＋[1つ目の理由]冬に有名な雪まつりに行きたい，2文目：[2つ目の理由]たくさんのおいしい食べ物がある，3文目：2文目に書いた delicious foods の例，という構成になっている。理由を付け加える Also「また」や，例示を表す For example「例えば」の用法に慣れよう。

語 句
visit「〜を訪れる」，snow festival「雪まつり」，delicious foods「おいしい食べ物」，sushi「すし」，crab「カニ」

例題　解答 ③

放送文
★：I'm hungry, Annie.
☆：Me, too. Let's make something.
★：How about pancakes?

  1 On the weekend.　　**2** For my friends.
  3 That's a good idea.

放送文の訳
★：「おなかがすいたよ，アニー」
☆：「私もよ。何か作りましょう」
★：「パンケーキはどう？」

  1 週末に。　　**2** 私の友だちに。
  3 それはいい考えね。

No. **1**　解答 ③

放送文
★：Are you ready to leave?
☆：I can't find my passport.
★：Is it on the desk?

  1 You can ask me.　　**2** It leaves soon.
  3 I'll check.

放送文の訳
★：「出発する準備はできた？」
☆：「私のパスポートが見つからないの」
★：「机の上にある？」

  1 私に聞いていいわよ。　　**2** それはもうすぐに出発するわ。
  3 確認するわ。

解説
女性は I can't find my passport. と言っているので，自分の passport「パスポート」を探していることがわかる。正解 **3** の check は「確認する」という意味で，男性の Is it on the desk? を受けて机の上を確認してみるということ。

No. **2**　解答 ②

放送文
★：Let's get together for lunch this week.

☆：Sounds good. When?

★：How about Thursday?

    1 I'm not hungry.   **2** Thursday is perfect.

    3 I didn't bring my lunch.

放送文の訳 ★：「今週会って，昼食に行こうよ」

☆：「いいわね。いつ？」

★：「木曜日はどう？」

    1 私はおなかがすいていないわ。

    2 木曜日はちょうどいいわ。

    3 私は昼食を持ってこなかったわ。

解　説　get together は「会う，集まる」，How about 〜? は「〜はどうですか」と提案する表現。男性から Thursday「木曜日」に昼食に行くことを提案された女性の応答として適切なのは **2** で，perfect は「申し分のない，ちょうどいい」という意味。

No.3　解答 ②

放送文 ★：Jennifer, do you like taking pictures?

☆：Yes. Why?

★：We're looking for people to join the newspaper club.

    1 I'm in the library.   **2** That sounds like fun.

    3 We don't have any homework.

放送文の訳 ★：「ジェニファー，写真を撮るのは好き？」

☆：「ええ。どうして？」

★：「新聞部に入ってくれる人を探しているんだ」

    1 私は図書館にいるわ。   **2** それは楽しそうね。

    3 私たちは何も宿題はないわ。

解　説　男の子の最後の発話から，people to join the newspaper club「新聞部に入ってくれる人」を探していることがわかる。これに対応した発話になっているのは **2** で，sounds like 〜は「〜のように聞こえる，〜のように思える」，fun は「楽しみ」という意味。

No.4　解答 ③

放送文 ☆：I like your shirt.

★：Thanks. I got it for my birthday.

☆：Who gave it to you?

1 It was expensive. **2** A week ago.

3 My sister did.

☆：「あなたのシャツが好きだわ」

★：「ありがとう。ぼくの誕生日にもらったんだ」

☆：「誰があなたにあげたの？」

1 それは値段が高かったよ。 **2** 1週間前に。

3 ぼくの姉[妹]だよ。

解説 女性の質問が Who「誰が」で始まっていることに注意する。gave は give「〜をあげる」の過去形，it は男性が着ている shirt「シャツ」のこと。誰がシャツをあげたかを My sister did. と答えている 3 が正解。

No.5 解答 ③

放送文 ★：Do you plan to study abroad?

☆：Yes, I'm going to Rome.

★：Have you been there before?

1 That's good. **2** I'm having pasta.

3 No, I haven't.

放送文の訳 ★：「留学するつもりなの？」

☆：「ええ，ローマへ行きます」

★：「これまでそこへ行ったことはあるの？」

1 それはいいですね。 **2** 私はパスタを食べています。

3 いいえ，ありません。

解説 Have you been there …? は「そこへ行ったことがありますか」という意味で，この there は to Rome「ローマへ」ということ。この質問には，Yes, I have. や No, I haven't. のように答える。plan to 〜は「〜するつもりである」，study abroad は「留学する」。

No.6 解答 ③

放送文 ☆：Do you live in that building?

★：Yes.

☆：Do you live near the top?

1 Yes, once or twice. **2** Yes, two years ago.

3 Yes, on the eighth floor.

放送文の訳 ☆：「あなたはあの建物に住んでいるの？」

★：「そうだよ」

☆：「最上階の近くに住んでいるの？」

1 うん，1度か2度。　　　　**2** うん，2年前に。

3 うん，8階に。

解　説　top は「上部」という意味で，ここでは that building「あの建物」の最上階ということ。女の子は男の子に最上階の近くに住んでいるかどうかを尋ねているので，on the eighth floor「8階に」と答えている **3** が正解。

No.7 解答 ①

放送文 ☆：I thought you washed this cup.

★：I did.

☆：It's still a little dirty.

1 Sorry, I'll do it again.　　**2** OK, I'll get some snacks.

3 Thanks, I'm so thirsty.

放送文の訳 ☆：「あなたがこのカップを洗ったと思っていたわ」

★：「洗ったよ」

☆：「まだちょっと汚れているわ」

1 ごめん，もう1度それを洗うよ。

2 わかった，おやつを取ってくるよ。

3 ありがとう，とてものどが渇いているんだ。

解　説　最後の文の主語 It は，男性が洗った this cup「このカップ」のこと。女性はそれが still a little dirty「まだちょっと汚れている」と言っているので，謝った後，I'll do it again「もう一度それをする（＝洗う）」と答えている **1** が正解。

No.8 解答 ②

放送文 ☆：Good morning, Dr. Wilson.

★：Hi, Tomoko.　How do you feel this morning?

☆：Much better.

1 I'll show you.　　　　　　**2** That's good news.

3 Maybe tomorrow.

放送文の訳 ☆：「おはようございます，ウィルソン先生」

★：「やあ，トモコ。今朝の調子はどう？」

☆：「だいぶよくなりました」

1 案内してあげるね。　　　　**2** それは朗報だね。

3 たぶん明日。

解説　医者の How do you feel this morning? は，女の子の体調を尋ねた質問。これに女の子は Much better.「だいぶよくなりました」と答えているので，そのことを good news「よいニュース→朗報」と言っている **2** が正解。

No. 9　解答 ①

放送文　☆：Who is she?

★：She's a volleyball player from Russia.

☆：Is she good?

1 She's the best in the world.

2 I can play volleyball.

3 I got it at the stadium.

放送文の訳　☆：「彼女は誰なの？」

★：「ロシアのバレーボール選手だよ」

☆：「彼女はじょうずなの？」

1 彼女は世界で一番だよ。

2 ぼくはバレーボールをすることができるよ。

3 ぼくはスタジアムでそれを買ったんだ。

解説　ポスターの a volleyball player from Russia「ロシアのバレーボール選手」が話題。Is she good? は「彼女はじょうずなの？」という意味で，これに対応した応答は **1**。the best は「一番の」ということ。

No. 10　解答 ③

放送文　☆：You look tired.

★：I went to bed at 1 a.m.

☆：Why did you go to bed so late?

1 I'll finish it tonight.　　　**2** I came by bus.

3 I was studying for a test.

☆：「疲れているようね」

★：「午前1時に寝たんだ」

☆：「どうしてそんな遅くに寝たの？」

1 今晩それを終わらせるよ。　**2** バスで来た。

3 テストの勉強をしていたんだ。

解説　go to bed は「寝る」，so late は「そんなに遅く」という意味で，女の子は男の子に寝た時間が遅かった理由を尋ねている。理由を説明しているのは3で，study を過去進行形の was studying「勉強していた」の形で用いている。

一次試験・リスニング	第**2**部	問題編 p.151〜152	🔊	▶MP3 ▶アプリ ▶CD 3 54〜64

No.11 解答 ②

（放送文）☆：Did you hear that Bob and Kelly are getting married in June?

★：Yes, they told me last night.

☆：I'm going to have a party for them next month.

★：Good idea, Lisa!

　　Question: When will Lisa have a party for Bob and Kelly?

放送文の訳 ☆：「ボブとケリーが6月に結婚するって聞いた？」

★：「うん，彼らは昨晩ぼくに話したよ」

☆：「来月，2人のためにパーティーをするつもりなの」

★：「いい考えだね，リサ！」

質問の訳　「リサはいつボブとケリーのためにパーティーをするか」

選択肢の訳　**1** 明日の夜。　**2** 来月。　**3** 6月に。　**4** 7月に。

解説　Bob and Kelly are getting married「ボブとケリーが結婚する」→ in June「6月に」と，I'm going to have a party for them「彼ら（＝ボブとケリー）のためにパーティーをする」→ next month「来月」の2つの情報を聞き分けることがポイント。

No.12 解答 ②

（放送文）☆：Excuse me. How much are these blue notebooks?

★：They're three dollars and seventy-five cents each.

☆：How about the red ones?

★：Those are two dollars and fifty cents each.

Question: How much are the red notebooks?

放送文の訳 ☆：「すみません。これらの青いノートはおいくらですか」

★：「1冊3ドル75セントです」

☆：「赤いのはおいくらですか」

★：「あれらは1冊2ドル50セントです」

質問の訳 「赤いノートはいくらか」

選択肢の訳　**1** 1ドル75セント。　　　　**2** 2ドル50セント。

　　　　　　3 3ドル75セント。　　　　**4** 5ドル50セント。

解　説　blue notebooks「青いノート」は three dollars and seventy-five cents「3ドル75セント」，the red ones (＝notebooks) は two dollars and fifty cents「2ドル50セント」で，質問では赤いノートの値段を尋ねている。each は「1冊につき」。

No. 13 解答 ②

放送文 ☆：Can you help me with this table? It's too heavy to carry by myself.

★：Sure. Where do you want to move it?

☆：Over there, near the TV.

★：No problem.

Question: What is the girl trying to do?

放送文の訳 ☆：「このテーブルのことで手伝ってくれる？　重すぎて1人では運べないの」

★：「いいよ。どこに動かしたいの？」

☆：「あそこ，テレビの近くよ」

★：「わかった」

質問の訳 「女の子は何をしようとしているか」

選択肢の訳　**1** 新しいテレビを買う。　　**2** テーブルを動かす。

　　　　　　3 映画を見る。　　　　　　**4** 友だちの家を見つける。

解　説　最初の Can you help me with this table? から，女の子はテーブルについて男性に何か手伝ってもらいたいことがわかる。さら

に，女の子の It's too heavy to carry by myself. や，男性の Where do you want to move it? から，女の子はテーブルを動かそうとしていると判断する。

No. 14 解答 ①

放送文 ☆：Did you enjoy your hiking trip last weekend, Tom?
★：It rained, so I couldn't go, Mary.
☆：Oh, will you go this weekend?
★：Yes. I'll go on Sunday.
Question: Why couldn't Tom go hiking last weekend?

放送文の訳 ☆：「先週末のハイキング旅行は楽しかった，トム？」
★：「雨が降ったので行けなかったんだ，メアリー」
☆：「あら，今週末に行くの？」
★：「うん。日曜日に行くよ」

質問の訳 「トムはなぜ先週末，ハイキングに行けなかったのか」

選択肢の訳 **1 天気が悪かった。**
2 彼は忙しすぎた。
3 彼は調子がよくなかった。
4 彼はメアリーに会わなければならなかった。

解　説 メアリーから先週末の hiking trip「ハイキング旅行」について尋ねられたトムは，It rained, so I couldn't go と答えている。so は「だから」という意味で，It rained が I couldn't go，つまりハイキングに行けなかった理由になっている。

No. 15 解答 ①

放送文 ★：Gina, this salad is great.
☆：Thanks, David. I used vegetables from my garden.
★：It's so delicious.
☆：I'm glad you like it.
Question: What are they talking about?

放送文の訳 ★：「ジーナ，このサラダはとてもいいね」
☆：「ありがとう，デイビッド。私の庭で採れた野菜を使ったの」
★：「とてもおいしいよ」
☆：「あなたが気に入ってくれてうれしいわ」

質問の訳　「彼らは何について話しているか」

選択肢の訳　**1　ジーナによって作られたサラダ。**
2　イタリア料理のレストラン。
3　デイビッドの料理。
4　デイビッドの庭。

解説　最初にデイビッドは，Gina, this salad is great. と言っている。その salad「サラダ」について，ジーナは I used vegetables from my garden.「私の庭で採れた野菜を使った」と説明しているので，ジーナが作ったサラダが2人の話題。

No. 16 解答 ②

放送文　☆：Hello, this is Helen.

★：Hi, Helen.　This is Peter's father.　Is Peter still at your house?

☆：Yes, we're doing our science homework together.　I'll go and get him.

★：Thanks.

Question: Where is Peter?

放送文の訳　☆：「もしもし，ヘレンです」

★：「やあ，ヘレン。ピーターの父だよ。ピーターはまだきみの家にいる？」

☆：「ええ，一緒に理科の宿題をしています。ピーターを呼んできます」

★：「ありがとう」

質問の訳　「ピーターはどこにいるか」

選択肢の訳　**1　彼の寝室に。**　　　　　**2　ヘレンの家に。**
3　理科室に。　　　　　　**4　図書館に。**

解説　ピーターの父親の Is Peter still at your house? という質問に，ヘレンは Yes と答えている。your house はヘレンの家のこと。This is ～「こちら～です」は，電話で自分の名前を伝えるときの表現。go and get+（人）は「（人）を呼んでくる」という意味。

No. 17 解答 ③

放送文　★：How was your weekend?

☆：My little brother had a fever yesterday, so I took care of him at home.

★：Were your parents busy?

☆：Yes, they went to a wedding.

Question: What did the girl do yesterday?

放送文の訳 ★：「週末はどうだった？」

☆：「昨日，弟に熱があったから，家で弟の看病をしたの」

★：「きみの両親は忙しかったの？」

☆：「ええ，結婚式に行ったわ」

質問の訳 「女の子は昨日，何をしたか」

選択肢の訳 **1** 彼女は医者に診てもらった。　**2** 彼女は結婚式に行った。
3 彼女は弟の看病をした。　　**4** 彼女は両親に電話した。

解説 週末について聞かれた女の子は，My little brother had a fever yesterday, so I took care of him at home. と答えている。took は take の過去形で，take care of 〜で「〜の世話をする」。him は My little brother，つまり女の子の弟のこと。

No.18 解答 1

放送文 ☆：Let's play by the river tomorrow.

★：Sorry, I have to stay home tomorrow.

☆：Why?

★：My mom said I need to study for next week's test.

Question: What does the boy need to do tomorrow?

放送文の訳 ☆：「明日，川の近くで遊びましょう」

★：「ごめん，明日は家にいなくちゃいけないんだ」

☆：「どうして？」

★：「お母さんが，来週のテスト勉強をする必要があるって言ったんだ」

質問の訳 「男の子は明日，何をする必要があるか」

選択肢の訳 **1** 家にいて勉強する。　　　　**2** テストを受ける。
3 川の近くで友だちに会う。　**4** 母親を手伝う。

解説 女の子の Let's play … という誘いに，男の子は I have to stay home tomorrow と答えている。家にいなくてはならない理由を，My mom said I need to study for next week's test. と説明している。これらの内容を短くまとめた **1** が正解。

No. 19 解答 4

放送文 ★：Mom, I can't find my bike.

☆：Your sister is using it.

★：Why?

☆：Her bike is broken, so I said she could use yours.

Question: Whose bike is broken?

放送文の訳 ★：「お母さん，ぼくの自転車が見つからないんだ」

☆：「お姉ちゃん[妹]が使っているわよ」

★：「どうして？」

☆：「お姉ちゃん[妹]の自転車が壊れているから，あなたのを使ってい
いって私が言ったの」

質問の訳 「誰の自転車が壊れているか」

選択肢の訳 **1** 男の子の（自転車）。

2 男の子の母親の（自転車）。

3 男の子の父親の（自転車）。

4 男の子の姉[妹]の（自転車）。

解 説 質問の Whose は「誰の～」，broken は「壊れた」という意味。
母親の Your sister is using it. と Her bike is broken から判断
する。Her bike は Your sister's bike，つまり男の子の姉[妹]の
自転車を指している。

No. 20 解答 1

放送文 ★：Are you ready for practice, Donna?

☆：Yes, but I'm so hungry.

★：You should eat something. Here are some potato chips.

☆：Thanks. I'll have some now.

Question: What will Donna do now?

放送文の訳 ★：「練習の用意はできた，ドナ？」

☆：「ええ，でもとてもおなかがすいているの」

★：「何か食べたほうがいいよ。ポテトチップスがあるよ」

☆：「ありがとう。今少しいただくわ」

質問の訳 「ドナは今，何をするか」

選択肢の訳 **1** おやつを食べる。　　　　　**2** ジャガイモを買う。

17年度第3回　リスニング

3 レストランへ行く。　　　　　**4** 夕食を作る。

解　説 I'm so hungry「とてもおなかがすいている」と言うドナに，男の子は potato chips「ポテトチップス」をすすめている。これに対してドナは，I'll have some now. と答えている。have は「〜を食べる」，some は some potato chips のこと。正解の **1** では，potato chips の代わりに snack「おやつ」が使われている。

No. 21 解答 **4**

放送文　I'm busy today. In the morning, I had to go to the dentist. In the afternoon, I went shopping for my friend Kate's birthday present. Tonight, I'll go to her party.
Question: When did the woman go shopping?

放送文の訳　「私(わたし)は今日忙(いそ)がしい。午前中は，歯医者へ行かなければならなかった。午後は，友だちのケイトの誕生日(たん)プレゼントを買いに行った。今晩(ばん)，彼女(かの)のパーティーに行く」

質問の訳　「女性(せい)はいつ買い物に行ったか」

選択肢の訳　**1** 昨日の朝。　　　　**2** 昨日の午後。
　　　　　　　3 今日の朝。　　　　**4** 今日の午後。

解　説 I'm busy today. で始まっていて，それ以降(こう)，今日の行動や予定が説明されている。In the morning → had to go to the dentist, In the afternoon → went shopping, Tonight → go to her party の各情報(じょうほう)を混同(こん)しないようにする。質問では，go shopping「買い物に行く」がいつだったかを尋(たず)ねている。

No. 22 解答 **2**

放送文　My friend Jim has a big family. He has two older brothers and a younger sister. I always enjoy going to their house because there are lots of children to play with.
Question: What is the boy talking about?

放送文の訳　「ぼくの友だちのジムは大家族だ。彼(かれ)には兄が２人と妹が１人い

る。一緒に遊ぶ子どもがたくさんいるので，ぼくはいつも彼らの家に行くのが楽しい」

「男の子は何について話しているか」

1 学校の自分の授業。　　　**2** 自分の友だちの家族。
3 自分の新しい家。　　　**4** 自分の家族。

解 説 最初の文の My friend Jim has a big family. で話題が示され，それ以降，友だちのジムの家族について具体的に説明している。lots of children to play with は「一緒に遊ぶたくさんの子どもたち」という意味。

No. 23 解答 **2**

放送文 Today is my school's art festival. It's famous. A writer from our city's newspaper will come. He will write a story about the festival for the newspaper.

Question: What is the writer going to write about?

放送文の訳 「今日は私の学校の芸術祭だ。それは有名だ。私たちの市の新聞の記者が来る。彼は新聞に芸術祭に関する記事を書く予定だ」

質問の訳 「記者は何について書くか」

選択肢の訳 **1** 学校の新聞。　　　**2** 学校の芸術祭。
3 有名な市。　　　**4** 有名な画家。

解 説 最後の He will write a story about the festival for the newspaper. の聞き取りがポイント。He は A writer from our city's newspaper「私たちの市の新聞の記者」，the festival は my school's art festival「私の学校の芸術祭」のこと。

No. 24 解答 **1**

放送文 I have lived in San Francisco for four years. My cousins live in New York. I see them once a year, during summer vacation.

Question: How many times does the boy see his cousins every year?

放送文の訳 「ぼくはサンフランシスコに 4 年間住んでいる。ぼくのいとこたちはニューヨークに住んでいる。ぼくは年に 1 回，夏休みの間に彼らに会う」

| 質問の訳 | 「男の子は毎年何回，いとこたちに会うか」 |

| 選択肢の訳 | **1** 1回。 **2** 2回。 **3** 3回。 **4** 4回。 |

| 解　説 | I see them once a year の them は，その前の文の主語 My cousins「ぼくのいとこたち」を指している。once a year は「年に1回」という意味で，その具体的な時期が during summer vacation「夏休みの間に」。 |

No. 25 解答 ③

| 放送文 | I'm going to Spain this summer with my mom and my brother. My mom and I can't speak any Spanish, but my brother is taking Spanish lessons with his friend.
Question: Who is learning Spanish? |

| 放送文の訳 | 「私はこの夏，お母さんと兄[弟]と一緒にスペインへ行く予定だ。お母さんと私はスペイン語がまったく話せないが，兄[弟]は友だちとスペイン語のレッスンを受けている」 |

| 質問の訳 | 「誰がスペイン語を習っているか」 |

| 選択肢の訳 | **1** 女の子。 **2** 女の子の母親。
3 女の子の兄[弟]。 **4** 女の子の友だち。 |

| 解　説 | My mom and I can't speak any Spanish「お母さんと私はスペイン語をまったく話せない」とあるので，1と2は不正解。その後の my brother is taking Spanish lessons から，スペイン語を習っているのは女の子の兄[弟]だとわかる。 |

No. 26 解答 ②

| 放送文 | I'm good at remembering people's faces, but I often forget their names. Now, when I meet people for the first time, I write their names in a small notebook. I hope it helps.
Question: What is the man's problem? |

| 放送文の訳 | 「ぼくは人の顔を覚えるのは得意だが，彼らの名前はよく忘れる。今では，人に初めて会うときに，小さなノートにその人の名前を書いている。それが役に立てばいいのだけど」 |

| 質問の訳 | 「男性の問題は何か」 |

| 選択肢の訳 | **1** 彼は自分のノートをなくした。
2 彼は人の名前を忘れる。 |

3 自分のノートが小さすぎる。

4 彼は書くのが得意ではない。

| 解 説 | 1文目の I'm good at ～, but … 「～は得意だが…」の流れに注意する。男性は remembering people's faces「人の顔を覚えること」が得意である一方，彼の problem「問題」は but 以降の I often forget their names「人の名前をよく忘れる」こと。 |

No. 27 解答 ①

放送文	Sally arrived in Paris yesterday. She took a taxi from the airport to her hotel. The taxi driver could speak English well. Sally enjoyed speaking with him. Question: What did Sally enjoy yesterday?
放送文の訳	「サリーは昨日，パリに着いた。彼女は空港からホテルまで，タクシーに乗った。タクシーの運転手は英語をじょうずに話せた。サリーは彼と話すことを楽しんだ」
質問の訳	「サリーは昨日，何を楽しんだか」
選択肢の訳	**1** タクシー運転手と話すこと。 **2** フランス料理を作ること。 **3** 英語を教えること。 **4** 自分の新しい車を運転すること。
解 説	最後に Sally enjoyed speaking with him. とある。enjoy ～ing は「～するのを楽しむ」，speak with ～は「～と話す」という意味。him はその前の文の主語 The taxi driver「タクシー運転手」を指している。

No. 28 解答 ①

| 放送文 | Good morning, everyone. A boy from Japan will join our class next Monday. His name is Kenta, and he'll study at our school for one year. Please help him if he has any questions.

Question: What will happen next Monday? |
| 放送文の訳 | 「みなさん，おはようございます。日本から来る男の子が，今度の月曜日に私たちのクラスに入ります。彼の名前はケンタで，私たちの学校で1年間勉強します。彼に何か質問があれば，手伝って |

あげてください」

「今度の月曜日に何が起こるか」

1 新しい生徒がクラスに入る。　**2** 日本語のテストがある。
3 先生が遅刻する。　　　　　　**4** 生徒たちが日本へ行く。

解　説 2文目のA boy from Japan will join our class next Monday. を確実に聞き取る。join は「～に参加する」という意味。A boy from Japan「日本から来る男の子」が，正解の **1** では A new student「新しい生徒」と表現されていることに注意する。

No. 29 解答 ③

放送文 Yuki wants to speak Korean, so she studies it every day. She always carries her Korean dictionary in her bag, but it wasn't there today. Her brother was using it in his room. Question: Where was Yuki's dictionary today?

放送文の訳 「ユキは韓国語を話したいと思っているので，毎日その勉強をしている。彼女はいつもかばんの中に韓国語の辞書を持ち歩いているが，今日は辞書がそこになかった。彼女の兄[弟]が自分の部屋でそれを使っていた」

質問の訳 「ユキの辞書は今日どこにあったか」

選択肢の訳 **1** 彼女の教室に。
2 彼女のかばんの中に。
3 彼女の兄[弟]の部屋に。
4 彼女の兄[弟]のかばんの中に。

解　説 She always ～ , but … 「彼女はいつも～だが，…」の流れに注意する。最後の Her brother was using it in his room. から，**3** が正解。it は her Korean dictionary「彼女の韓国語の辞書」を指している。

No. 30 解答 ④

放送文 Patrick started taking driving lessons last year. He finally passed his driving test last week, so now he has his license. He is very happy. Now he wants to buy a car. Question: Why is Patrick happy?

放送文の訳 「パトリックは昨年，運転のレッスンを受け始めた。彼は先週，よ

うやく運転の試験に合格したので，今は免許を持っている。彼は
とてもうれしい。今，彼は車を買いたいと思っている」

質問の訳「パトリックはなぜうれしいのか」

選択肢の訳
1 彼は新しい車を買った。
2 彼は車のかぎを見つけた。
3 彼は数学のテストに合格した。
4 彼は運転免許を取った。

解　説

He is very happy. の理由は，その前で He finally passed his
driving test last week, so now he has his license. と説明され
ている。finally は「ついに，ようやく」，passed は pass「～に
合格する」の過去形。ここでの license「免許」は，正解 **4** にあ
る driver's license「運転免許」のこと。

全 訳

土曜日

土曜日に，人々はよく自由な時間がある。多くの人は土曜日に外出して友だちと一緒に時間を過ごすが，家にいてリラックスすることが好きな人たちもいる。土曜日は楽しくなり得る。

質問の訳

No.1　パッセージを見てください。多くの人は土曜日に何をしますか。

No.2　イラストを見てください。花はどこにありますか。

No.3　女性を見てください。彼女は何をしていますか。

さて，〜さん，カードを裏返しにしてください。

No.4　あなたは普段，毎晩何時間寝ますか。

No.5　あなたは料理することが好きですか。

　　　はい。　→ もっと説明してください。

　　　いいえ。→ あなたは夏休みにどこへ行きたいですか。

No. 1

解答例　They go out and spend time with their friends.

解答例の訳　「外出して友だちと一緒に時間を過ごします」

解 説　質問の主語に注意して，many people「多くの人」について尋ねていることを理解する。2文目に正解が含まれているが，解答する際，①質問の主語と重なる Many people を3人称複数の代名詞 They に置き換える，②文の後半 but some people like to stay home and relax「しかし，家にいてリラックスすることが好きな人たちもいる」は質問に直接対応した内容ではないので省く，という2点に注意する。

No. 2

解答例　They're on the table.

解答例の訳　「テーブルの上にあります」

解 説　質問は Where「どこに」で始まり，flowers「花」がある場所を尋ねている。解答では，質問の主語 the flowers を3人称複数の代名詞 They で置き換える。動詞は質問と同じ are を使い，They're [They are] とする。花はテーブルの上にあるので，

They're の後に on the table を続ける。

No. 3

解答例 She's drinking some orange juice.

解答例の訳 「彼女はオレンジジュースを飲んでいます」

解説 質問の What is ～ doing? は，「～は何をしていますか」という現在進行形〈am/is/are＋動詞の～ing〉の疑問文。「～を飲む」は drink で，質問に合わせて She's [She is] drinking ～ という現在進行形で答える。drinking の後に，何を飲んでいるかを続けることに注意する。ここでは，some orange juice や some juice となる。

No. 4

解答例 I usually sleep about six hours.

解答例の訳 「私は普段，約6時間寝ます」

解説 How many ～（複数名詞）は数を尋ねる表現，hour(s) は「時間」という意味で，普段の睡眠時間を尋ねている。単に Six hours. のように答えるのではなく，質問に合わせて I usually sleep about six hours. のように主語と動詞を入れた形にする。hour(s) の発音が our(s) と同じであることにも注意しよう。

No. 5

解答例
Yes. → Please tell me more.
　　— I often make breakfast.
No. → Where would you like to go on your summer
　　　vacation?
　　— I'd like to go to the beach.

解答例の訳 「はい」　→ もっと説明してください。
　　— 「私はよく朝食を作ります」
「いいえ」→ あなたは夏休みにどこへ行きたいですか。
　　— 「私は海辺に行きたいです」

解説 最初の質問の like to ～は「～することが好きだ」という意味で，cook「料理する」ことが好きかどうかを Yes(, I do). / No(, I don't). で答える。Yes の場合の2番目の Please tell me more. には，いつ料理するかや，何を作ることが好きかなどを答えればよい。No の場合の2番目の質問 Where would you like to go on your summer vacation? には，summer vacation「夏休み」に行ってみたい場所を I'd like to go to [visit] ～の形で答える。解答例の他に，（Yes の場合）I sometimes cook dinner for my family.「私はときどき，家族に夕食を作ります」，（No の場合）I'd like to visit Hawaii.「私はハワイを訪れたいです」のような解答も考えられる。

二次試験・面接 問題カード **B** 日程 問題編 p.158～159 ▶MP3 ▶アプリ ▶CD 3 81～84

全 訳

日本を楽しむこと

電車で旅行するのは日本を見るのにいい方法だ。多くの外国からの観光客は電車の特別な切符を買うので，休暇の間にいろいろな場所へ旅行することができる。彼らはおいしい郷土料理を食べて楽しむこともできる。

質問の訳

No.1 パッセージを見てください。多くの外国からの観光客はなぜ休暇の間にいろいろな場所へ旅行することができますか。

No.2 イラストを見てください。男性はいくつのスーツケースを持っていますか。

No.3 長い髪の女性を見てください。彼女は何をしていますか。

さて，～さん，カードを裏返しにしてください。

No.4 あなたは普段，朝食に何を食べますか。

No.5 あなたは今までにスノーボードに行ったことがありますか。

はい。 → もっと説明してください。

いいえ。→ あなたは次の休暇に何をしたいですか。

No.1

解答例

Because they buy special train tickets.

解答例の訳

「電車の特別な切符を買うからです」

解 説

foreign visitors は「外国からの観光客」という意味。正解を含む2文目は，〈～, so ...〉「～（原因・理由），だから…（結果）」の構文。解答する際，①質問の主語と重なる Many foreign visitors を3人称複数の代名詞 they に置き換える，②文の後半 so they can travel to different places during their vacations「だから

彼らは休暇の間にいろいろな場所へ旅行することができる」は質問に含まれている内容なので省く，という２点に注意する。

No. 2

解答例　He has two suitcases.

解答例の訳　「彼は２つのスーツケースを持っています」

解　説　How many ～（複数名詞）は数を尋ねる表現で，男性が suitcases「スーツケース」をいくつ持っているか尋ねている。イラストで男性は２つのスーツケースを持っているが，単に Two. と答えるのではなく，主語と動詞を入れて He has two (suitcases). の形にする。解答は３人称単数の He で始まる肯定文なので，have ではなく has を使うことにも注意する。

No. 3

解答例　She's buying a newspaper.

解答例の訳　「彼女は新聞を買っています」

解　説　イラスト中の the woman with long hair「長い髪の女性」に関する質問。質問の What is ～ doing? は，「～は何をしていますか」という現在進行形〈am/is/are＋動詞の～ing〉の疑問文。「新聞を買う」は buy a newspaper で，質問に合わせて She's [She is] buying a newspaper. という現在進行形で答える。

No. 4

解答例　I usually eat rice.

解答例の訳　「私は普段，ご飯を食べます」

解　説　ここでの have は「～を食べる」，for breakfast は「朝食に」という意味。自分が普段，朝食に食べるものを，I usually eat [have] ～の形で答える。解答例の rice の他に，bread「パン」や some fruits「果物」などを使うこともできる。

No. 5

解答例　Yes. → Please tell me more.
　　　　 — I went snowboarding in Nagano.
　　　　 No. → What would you like to do on your next vacation?
　　　　 — I want to practice baseball.

解答例の訳　「はい」　→ もっと説明してください。
　　　　 — 「私は長野へスノーボードに行きました」

「いいえ」→ あなたは次の休暇に何をしたいですか。
　― 「私は野球の練習をしたいです」

解 説 最初の質問の Have you ever been snowboarding? は「あなた
は今までにスノーボードに行ったことがありますか」という意味
で，スノーボードの経験の有無を Yes(, I have). / No(, I
haven't). で答える。Yes の場合の2番目の Please tell me
more. には，いつ，誰と，どこでスノーボードをした[する]かな
どを答えればよい。No の場合の2番目の質問 What would you
like to do on your next vacation? には，next vacation「次の
休暇」にしたいことを I'd like to [I want to] ～の形で答える。
解答例の他に，(Yes の場合) My family and I went
snowboarding last winter.「昨年の冬，私の家族と私はスノー
ボードに行きました」，(No の場合) I'd like to travel to
Hokkaido.「私は北海道へ旅行したいです」のような解答も考え
られる。

英検3級に合格したら…

英検® 準2級にチャレンジしよう！

準2級は，入試優遇や単位認定をはじめ，取得後は幅広く適用されます。試験問題では日常生活での話題が扱われ，レベルの目安は「高校中級程度」です。

準2級からここが変わる！

※試験内容は変更される可能性がありますので，受験の際は英検ホームページで最新情報をご確認ください。

筆記
長文の空所に適切な語句を補う問題が加わります。語い力を上げると同時に，文章の前後関係をきちんと把握するよう心がけましょう。

リスニング
放送回数がすべて1回になり，第1部から補助イラストがなくなります。英文の情報を整理しながら，一度で正確に聞き取ることが求められます。

面接
問題カードのイラストが2つになり，人物の行動描写と状況説明が求められます。

オススメの英検書はこちら！

学校でまだ習っていないこともしっかり学べる

参考書

英検準2級総合対策教本

本体1,500円＋税　CD付

商品詳細はこちら

〔2020年度版 英検3級 過去6回全問題集・別冊〕　　　　　　　　　　　　　S9n069